民营企业多元化经营与绩效研究

——政治关联的调节作用

战 颂 著

中国财经出版传媒集团
中国财政经济出版社

图书在版编目（CIP）数据

民营企业多元化经营与绩效研究：政治关联的调节作用/战颂著．—北京：中国财政经济出版社，2019.5

ISBN 978－7－5095－8564－1

Ⅰ.①民… Ⅱ.①战… Ⅲ.①民营企业－企业绩效－研究－中国 Ⅳ.①F279.245

中国版本图书馆 CIP 数据核字（2018）第 227769 号

责任编辑：卢关平　　责任校对：李　丽
封面设计：孙俪铭　　责任印制：张　健

中国财政经济出版社 出版

URL：http：//www.cfeph.cn

E－mail：cfeph@cfeph.cn

社址：北京市海淀区阜成路甲 28 号　邮政编码：100142

营销中心电话：88190472　88191537　北京财经书店电话：88580302　84041336

北京财经印刷厂印刷　各地新华书店经销

787×1092 毫米　16 开　9 印张　208 000 字

2019 年 6 月第 1 版　2019 年 6 月北京第 1 次印刷

定价：43.00 元

ISBN 978－7－5095－8564－1

（图书出现印装问题，本社负责调换）

本社质量投诉电话：010－88190744

打击盗版举报热线：010－88191661　QQ：2242791300

前　言

随着经济体制改革的深入，民营经济不断壮大，获得了飞速的发展。同时，伴随着我国制度的演变，民营企业也经历了从无到有、由少到多、从小到大、由弱到强的发展过程。在我国经济的增长过程中，目前，民营经济占GDP的比重超过了60%，占税收比重约为50%，占就业比重约为80%。民营企业已经成为我国市场经济的重要组成部分，在国民经济发展中担任着重要的角色。为了增强企业实力，进一步获得发展，多元化经营成为民营企业的首选。究其原因，主要是由于目前我国处于经济转型时期，制度上存在较大的不确定性，一方面，与国有企业相比，民营企业受到所有制“歧视”，遭遇不公平待遇，处于激烈的竞争环境中，面临更大的风险，希望通过多元化经营进行扩张、有效规避风险；另一方面，由于地方保护主义，民营企业在经营过程中遭遇行业壁垒和市场分割，仅靠专业化很难达到一定的规模。因此，民营企业通过在行业范围和地域范围进行扩张，实施多元化经营，成为民营企业分散风险、提高短期绩效和长期成长性的有效途径。

然而，民营企业在实施行业多元化、地域多元化过程中，受到很多方面的制约，如资金、税收、行业壁垒、政策歧视等。民营企业通过建立政治关联，能够帮助其从银行获得贷款，同时获得地方政府税收补贴，而且，政治关联能够降低行业进入壁垒，有效规避制度环境、市场不确定性带来的风险，对于民营企业的发展具有非常重要的意义。因此，在我国处于经济转型的背景下，以及以“关系”为主导的社会结构下，民营企业寻求通过各种途径与政府建立良好的关系，如民营企业家当选各级人大代表、政协委员，或者聘请前任政府官员到企业担任高管等。民营企业与政府建立政治关联已成为战略管理的重要内容，民营企业所拥有的政治资源数量和质量对于多元化经营能否实现发挥着重要的作用。同时，作为一项重要的资源，政治关联对于民营企业战略执行体系的构建也具有重大的意义。

本书以资源基础理论为依据，结合制度基础理论和政府干预理论，从多元化经营实施结果的角度出发，研究多元化经营对企业绩效的影响，以及政治关联在多元化经营与企业绩效之间的调节作用。为了验证所提出的假设，本书以2008—2013年间在我国沪深两市上市的所有民营企业为初选样本，按照一定的筛选原则最终得到由337家公司、1602条样本观测值构成的非平衡面板数据，并采用系统广义估计法（简称系统GMM法）对动态面板数据进行统计分析，不仅验证了多元化经营对企业绩效的影响，同时验证了政治关联在多元化经营与企业绩效之间具有调节作用。

本书主要研究结论如下：

（1）行业多元化对于民营企业的短期绩效与长期成长性均具有负向影响；地域多元化对于民营企业的短期绩效具有负向影响，而对于长期成长性却具有正向影响。

（2）政治关联广度削弱了行业多元化对民营企业短期绩效的负向影响程度；政治关联广度增强了行业多元化对民营企业长期成长性的负向影响程度；政治关联深度削弱了行业多元化对民营企业短期绩效的负向影响程度；政治关联深度增强了行业多元化对民营企业长期成长性的负向影响程度。政治关联广度增强了地域多元化对民营企业短期绩效的负向影响程度；政治关联广度增强了地域多元化对民营企业长期成长性的正向影响程度；政治关联深度增强了地域多元化对民营企业短期绩效的负向影响程度；政治关联深度增强了地域多元化对民营企业长期成长性的正向影响程度。

通过对多元化经营、政治关联与企业绩效三者关系的研究，不仅回答了民营企业多元化经营如何对企业绩效产生影响的问题，而且回答了政治关联对多元化经营与企业绩效之间如何发挥调节作用的问题，丰富了多元化的相关研究。同时，本书对于认识非正式制度在我国民营企业成长道路上的积极作用具有重要的启示。

本书为攻读博士学位期间的研究成果，本书的出版得到了笔者所在的工作单位辽宁石油化工大学的资金资助，在此表示感谢！由于笔者理论基础和专业水准所限，本书难免有许多不足之处，恳请读者给予批评指正。

战颂

2018年8月于抚顺

目　录

图表目录

图目录

表目录

第1章 绪论

1.1 研究背景与问题提出

1.1.1 研究背景

1. 理论背景

多元化经营又被称为多角化经营、多样化经营，在 20 世纪 50 年代由美国著名的战略管理大师 Ansoff 提出，他在《多元化战略》一文中明确指出多元化是“用新的产品去开发新的市场”①，是企业发展到一定时期采取的一种经营行为。当企业发展到一定阶段，为了获得更持久的发展，获取更高的利润而进行多元化经营。

在理论研究方面，多元化经营一直是战略管理研究的热点问题之一，多元化与企业绩效之间的关系也是争议最大的领域之一。学者们一直在孜孜不倦地进行探究，研究文献可谓汗牛充栋，但是至今得出的结论并不一致。主要形成了多元化溢价、多元化折价、多元化中性和多元化曲线四种结论。（1）多元化溢价，不少学者研究发现，行业多元化经营对企业绩效产生正向影响，即行业多元化经营可以提高企业绩效，产生多元化溢价（Arter，1977；Stulz，1990；Khanna & Palepu，1997，2000；Claessens et al.，2000；Hadlock et al.，2001；Campa et al.，2002；Graham et al.，2002；Mayer，2003；苏冬

① Ansoff H. I. Strategies for Diversification［J］. Harvard Business Review. 1957，35（5）：113－124.

蔚，2005；姜付秀、刘志彪、陆正飞，2006）。很多学者也发现地域多元化经营能提高企业绩效，产生地域多元化溢价（Rugman，1981；Errunza & Senbet，1984；Kogut，1985；Grant，1987；Morck & Yeung，1991；Tallman & Li，1996；Bodnar & Weintrop，1997；Doukas & Lang，2003；汪建成，2008；张平，2011）。（2）多元化折价，有部分学者研究指出，行业多元化经营对企业绩效产生负向影响，即行业多元化经营损害企业价值，降低企业绩效，产生多元化折价（Amihud & Lev，1981；Palepu，1985；Linsa & Servas，1999；Li et al.，2005；Manohar et al.，2007；Yoshitaka & Ushijima，2007；李玲、赵瑜纲，1998；洪道麟、熊德华，2006；艾健明、柯大钢，2007；韩忠雪、王益锋，2007；魏锋，2007；林晓辉、吴世农，2008）。也有学者研究表明，地域多元化经营对企业绩效存在负向影响，即产生地域多元化折价（Porter & Millar，1985；Jones & Hill，1988；Denis，1997；汪建成、毛蕴诗，2006；汪建成，2008）。（3）多元化中性，学者研究主要发现行业多元化与企业绩效之间并不存在关系（Gort，1962；Amonld，1969；Lamont & Polk，1999；Mansi & Reeb，2002；刘力，1997；尹义省，1998；金晓斌、陈代云，2002）；对于地域多元化与企业绩效之间的关系并没有得出多元化中性的结论。（4）多元化曲线，少数学者实证分析结果显示，行业多元化与绩效之间呈倒 U 形曲线关系（Grant，Jammine & Thomas，1988；Ram'irez，2002；Narasimhan & Kim，2002；郑华、韦小柯，2008）；也有学者实证分析结果发现地域多元化与企业绩效之间呈倒 U 形曲线（Gomes & Ramaswamy，1999；Capar & Kotabe，2003）。

理论界关于多元化经营与企业绩效之间关系的研究至今无法达成共识，最根本的原因是基础理论学派之间的不协调。Hunter & Schmidt（1990）明确提出，在多元化研究方面缺乏的不是数据和实证分析，缺乏的是如何将现有的实证分析结果进行综合解释的理论。到目前为止，关于多元化的研究，学者们主要基于产业基础理论、资源基础理论、制度基础理论三个方面展开讨论。产业基础理论强调企业成长的外生性，指出企业成长战略的选择与所处的产业有直接关系，尤其是产业的结构特征，如进入障碍、市场中竞争者的数量与规模等。资源基础理论认为，企业在经营中所拥有的异质性资源和能力决定了其成长战略的选择。一系列相关研究也表明，企业能够在长期竞争中保持优势，并且取得超过所处行业平均水平的绩效，最主要的原因是企业内部拥有关键的异质性资源、能力、知识以及学习等。之后的实证分析更加进一步证明，企业如果拥有独特的异质性资源，那么其能够在多元化经营（包括行业多元化和地域多元化）中实现规模经济和范围经济，取得较高的收益。制度基础理论则指出，在经济处于转型国家中，企业在进行战略选择时，制度并不仅是战略分析的背景条件，包括管制维度、规范维度和认知维度三种类型的制度环境构成企业在选择成长战略时必须考虑的决定性因素。一些相关研究也表明，与其他理论相比，在解释转型制度环境中企业的战略行为时，制度基础理论更加适合，并且成为继产业基础理论、资源基础理论后，探讨新兴经济国家中企业战略选择问题的第三大支柱理论。虽然，目前关于多元化经营的研究中制度基础理论占据了一席之地，但是，研究过程中通常没有将产业基础理论和资源基础理论考虑进去，因此，有学者提出当研究转型制度下的企业成长战略的选择问题时，应该更多从整合的视角出发。Wan et al.（2011）也认为，在当前对多元化的研究中，资源基础理论占有很重要的地位，未来的研究应该将重点放在如何将资源基础理论与其他基础理论进行有效融合上。

近年来，学者们开始研究正式制度的缺失带给企业多元化经营的影响，尝试推动通过健全产品和要素市场、完善资本市场、建立有效的内部和外部治理机制来约束企业的行业多元化经营动机和促进其跨区域横向整合。然而，经过多年的实践，针对上述正式制度采取的改革措施，对于我国企业对行业多元化的偏好以及对地域多元化的困扰，并没有起到太明显的降低作用，于是有些学者将研究视角转移到非正式制度上，而政治关联是一种非正式制度。新制度经济学理论指出：在形成方式、作用机制、变迁路径等许多方面，正式制度与非正式制度之间具有差异性，然而两者互为补充、相互依存。一旦正式制度出现缺失时，非正式制度能够起到一定的约束作用，从而能够减少环境的不确定性，为企业的发展提供比较稳定的制度环境。目前，我国正处于从计划经济向市场经济转型的过渡期，正式制度和规则并没有完全建立起来，特别是缺乏以明晰产权为基础的法律框架，直接造成市场交易费用高昂，商业法规所起的作用范围狭窄。正式制度与非正式制度尽管在作用机制、形成方式、变迁路径等方面有差别，但两者互为补充、相互依存。在正式制度缺失的条件下非正式制度会发挥约束作用，提供给组织以稳定的制度环境并减少不确定性。我国从计划经济向市场经济发展的进程中，缺少以明晰产权为基础的法律框架，正式制度和规则也不健全，于是，由人际关系演变而成的非正式制度代替正式制度成为起主要作用的规则，用来弥补“制度空白”。

因此，在我国经济处于转型时期这个特殊背景下，本书在资源基础理论基础上，结合制度基础理论和政府干预理论，将民营企业多元化经营、政治关联和企业绩效整合在一个理论框架内，分析行业多元化和地域多元化对企业短期绩效和长期成长性的影响，重点探讨政治关联如何在多元化经营与企业绩效之间发挥调节作用，无疑具有重要的研究价值。

2. 现实背景

我国将近40年的改革开放成果已经强有力地证明，作为国民经济重要组成部分的民营经济已成为市场经济的主体，为我国经济的发展作出了巨大贡献。作为我国市场经济发展中富有创造力和活力的市场主体，民营企业已成为发展市场经济强有力的支撑，成为服务百姓生活、促进社会稳定、实现共同富裕的重要力量。据《我国民营经济发展报告 No. 11 （2013—2014)》① 统计数据显示，到2013年末，我国私营企业登记注册量达到1253.9万户，个体工商户达到4436.3万户，与2012年相比，分别增长15.5%和9.3%，具体数据见表1－1和图1－1。

表1－1　2007—2013年我国个体工商户、私营企业户数及增长率　单位：万户，%

年份	私营企业户数	增长率	个体工商户户数	增长率
2007	603.1	10.8	2741.5	5.6
2008	657.4	9.0	2917.3	6.4
2009	740.2	12.6	3197.4	9.6
2010	845.2	14.2	3452.9	8.0
2011	967.7	14.5	3756.5	8.8
2012	1085.7	12.2	4059.3	8.1
2013	1253.9	15.5	4436.3	9.3

资料来源：王钦敏主编．《我国民营经济发展报告 No. 11 （2013—2014)》[M]，北京：社会科学文献出版社，2015：3.

注：表中历年私营企业户数均包含分支机构数量。

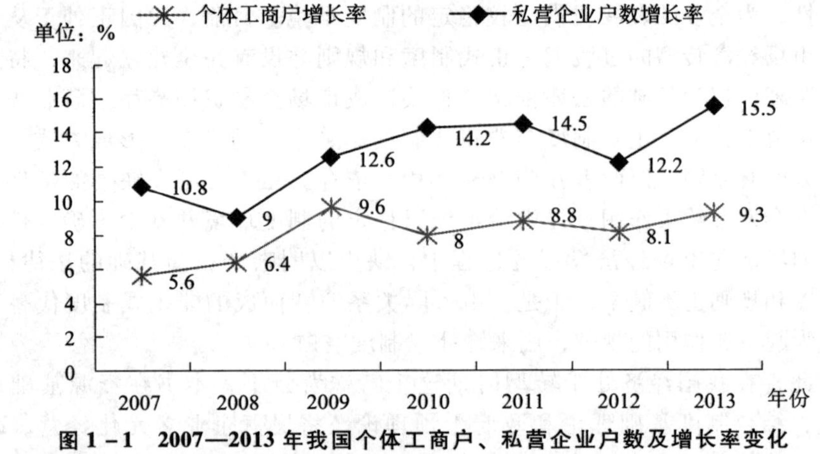

图1－1　2007—2013年我国个体工商户、私营企业户数及增长率变化

① 《我国民营经济发展报告 No. 11 （2013—2014)》由全国工商联组织编写，全书分为主报告、专题报告、区域报告和地方报告。主报告采用大量数据系统分析2013年我国民营经济发展的总体情况，客观分析了民营经济面临的机遇和挑战，并就当前民营经济发展面临的突出问题，提出了意见和建议。专题报告邀请国家有关部委和研究机构的专家，就个体私营经济、对外贸易、融资、税收、民营上市公司等多个领域，进行深层次的研究和分析。区域和地方报告重点反映了各地区民营经济发展的现状、特点、问题和趋势。

在改善劳动力就业、维护社会稳定层面上，民营经济同样作出了积极的贡献。据统计数据显示，到 2013 年末，我国个体私营经济从业人员达到 2.19 亿人，与 2012 年相比增长 9.7%。其中私营企业 1.25 亿人，增长 10.9%；个体工商户 0.93 亿人，增长 8.2%，具体数据见表 1-2 和图 1-2。即便在我国经济发展速度出现下滑的条件下，民营经济对社会就业方面作出的贡献依然保持稳定，而且这一贡献得到整个社会的高度认可，被认为是民营经济所作出的最突出贡献。

表 1-2　2007—2013 年我国个体工商户、私营企业就业基本情况　单位：万人,%

年份	私营企业		个体工商户	
	绝对值	增长率	绝对值	增长率
2007	7523.1	10.1	5496.2	6.5
2008	7904.0	9.0	5776.4	5.1
2009	8607.0	8.9	6585.4	14.0
2010	9407.6	9.3	7007.6	6.4
2011	10353.6	10.1	7945.3	13.4
2012	11296.1	9.1	8628.3	8.6
2013	12521.6	10.9	9335.7	8.2

资料来源：王钦敏主编．《我国民营经济发展报告 No.11（2013—2014）》［M］．北京：社会科学文献出版社，2015：4.

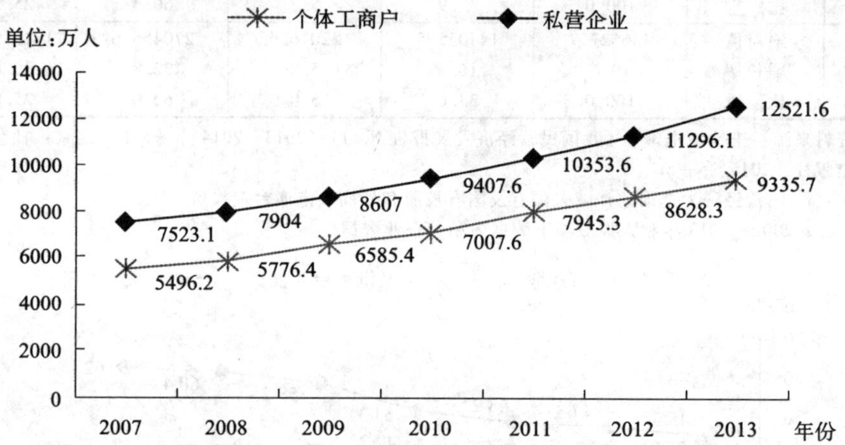

图 1-2　2007—2013 年我国个体工商户、私营企业就业人数变化

民营投资持续保持强劲动力，据统计数据显示，到 2013 年末，民营经济城镇固定资产投资达到 27 万亿元，同比增长 22.8%，占全国城镇固定资产投资的 62%。其中，私营企业完成 12.2 万亿元，同比增长 30.8%，占比达到 27.8%，见表 1-3 所示。而比较一下近年来各经济成分投资增长率的变化情况，虽然民营经济的投资增长率呈现下滑趋势，却依然处于较高的水平，并且，随着民营经济所处投资环境不断完善，民间资本的投资潜力不断得到释放，具体见图 1－3、图 1－4 所示。

表 1－3　2007—2013 年按经济类型分城镇固定资产投资变化情况　单位：亿元，%

年份	指标	全国总计	国有及国有控股	外商及港澳台商投资	民营经济	私人控股
2007	绝对值	117464.5	52229.4	12192.7	53042.4	46405.1
	增长率	25.8	16.5	22.8	37.3	39.0
	比　重	100.0	44.5	10.4	45.1	39.5
2008	绝对值	148738.3	63997.8	14179.2	70561.3	60193.2
	增长率	26.6	22.5	16.3	33.0	29.7
	比　重	100.0	43.0	9.5	47.5	40.5
2009	绝对值	194139	86536	14111	93492	33610
	增长率	30.5	35.2	−0.5	32.5	34.9
	比　重	100.0	44.6	7.3	48.2	17.3
2010	绝对值	241414.9	102129.7	15832.9	123452.3	49910.6
	增长率	24.5	18.0	12.2	32.0	32.2
	比　重	100	42.3	6.6	51.1	20.7
2011	绝对值	301932.8	107485.8	18798.1	175648.9	71838.8
	增长率	23.8	11.1	18.7	42.3	32.9
	比　重	100.0	35.6	6.2	58.2	23.8
2012	绝对值	364835.1	123693.5	20814.2	220327.1	92939.5
	增长率	20.6	14.7	10.7	25.4	30.3
	比　重	100.0	33.9	5.7	60.4	25.5
2013	绝对值	436527.7	144055.5	22016.6	270455.6	121519.5
	增长率	19.6	16.3	5.8	22.8	30.8
	比　重	100.0	33.0	5.0	62.0	27.8

资料来源：王钦敏主编．《我国民营经济发展报告 No. 11（2013—2014）》［M］．北京：社会科学文献出版社，2015：5—6.

注：1. 民营经济为全国总计减去国有及国有控股和外商及港澳台商投资；

2. 2009—2013 年私人控股项下数据为私营企业数据。

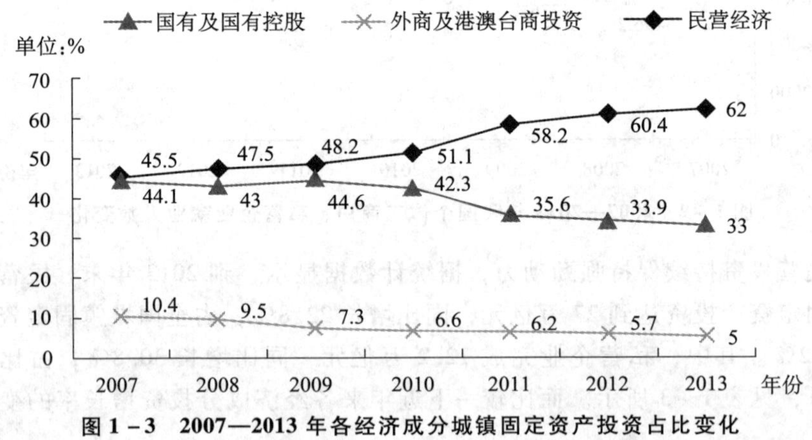

图 1－3　2007—2013 年各经济成分城镇固定资产投资占比变化

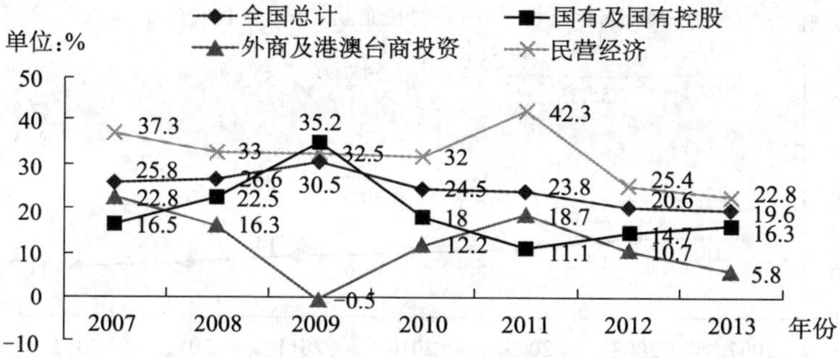

图 1－4　2007—2013 年各经济成分城镇固定资产投资增长率变化

民营经济在我国对外贸易中也发挥重要作用，自从我国加入 WTO 后，积极与其他国家进行贸易往来，国家不断加大对民营外贸企业的扶持力度，在政策上给予大力支持。特别是对一些从事外贸综合服务的中小企业，为其在海关、融资及出口退税等方面提供一系列服务，使得大部分的民营企业能够在国际市场上加大开拓深度，进出口额呈现良好的增长态势，从事对外贸易的主体格局依旧朝着更好的方向发生变化。据统计数据显示，到 2013 年末，出口额中民营企业达到 9167.7 亿美元，增长 19.1%；进口额达到 5764.8 亿美元，增长 27.8%，分别高于整体增幅 11.2 和 20.5 个百分点，尤其是出口额占比方面第一次达到 4 成多，逐渐缩小了与外资企业之间的差距，具体见表1－4、图 1－5、图 1－6 所示。

表 1－4　　2007—2013 年各类型企业出口情况表　　单位：亿美元,%

年份	总值	同比增长	国有企业			外资企业			民营企业		
			金额	比重	同比增长	金额	比重	同比增长	金额	比重	同比增长
2007	12180.15	25.7	2248.14	18.5	17.5	6955.19	57.1	23.4	2976.82	24.4	39.2
2008	14285.46	17.3	2572.28	18.0	14.4	7906.20	55.3	13.7	3806.98	26.6	27.9
2009	12016.63	－15.9	1909.94	15.9	－25.7	6722.30	55.9	－15.0	3384.39	28.2	－11.1
2010	15779.32	31.3	2343.60	14.9	22.7	8623.06	54.6	28.3	4812.66	30.5	42.2
2011	18986.00	20.3	2672.20	14.1	14.1	9953.30	52.4	15.4	6360.50	33.5	32.2
2012	20484.20	7.9	2564.20	12.5	－4.0	10233.60	50.0	2.8	7686.40	37.5	21.0
2013	22100.20	7.9	2489.90	11.3	－2.8	10442.60	47.3	2.1	9167.70	41.5	19.1

资料来源：王钦敏主编.《我国民营经济发展报告 No.11（2013—2014）》[M].北京：社会科学文献出版社，2015：8—9.

我国民营企业虽然获得飞速发展并在国民经济发展中占据重要地位，但是，由于民营企业发展历史相对较短以及所有制的原因，在政府心目中与国有企业地位仍有着巨大差距，使民营企业不仅在资金、技术等方面存在要素

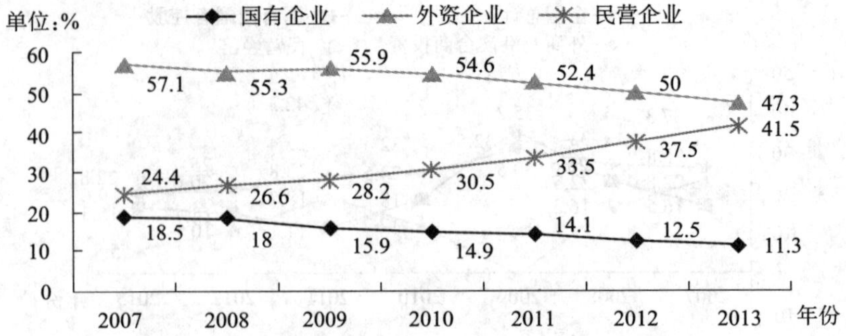

图 1－5 2007—2013 年各类型企业出口占比变化

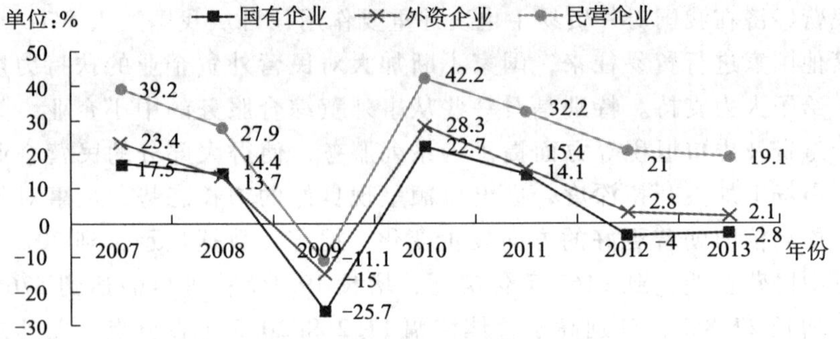

图 1－6 2007—2013 年各类型企业出口增速变化

壁垒，而且长期在法律和政策上处于被歧视的地位，遭遇所有制歧视导致的政策壁垒。当前，我国经济具有新兴与转轨的双重特点，在制度建设相对薄弱、未完全建立起完善的市场机制条件下，由于行政干预惯性的作用，政府仍然对市场行为进行干预，无法保证政府所提供的公共产品与服务完全按照市场规则进行签约，并且按照契约履行，从而增加在市场中进行交易的主体的交易费用，这其中包括民营企业。所以，当正式市场机制无法使民营企业获取重要的资源，无法得到公平的待遇时，自然向非正式制度安排倾斜，包括积极与政府构建亲密的关系。由于国有企业与政府之间天生具有“血缘”关系，因此，在我国处于转轨经济的背景下，与国有企业的高管不同，民营企业家不仅要具有传统企业家的能力，更需要具有政治活动能力（主要指处理好与政府关系的能力），要更加注重政企关系的培养，因为这种关系的好坏对于民营企业的发展至关重要①。

国内学者普遍认为，建立政治关系被认为是民营企业的一种政治资本投资行为，我国很多民营企业利用各种手段、途径积极与政府建立良好的关系。

① 汪伟、史晋川. 进入壁垒与民营企业的成长——吉利集团案例研究［J］. 管理世界，2005(4)：132—140.

根据中共中央统战部、国家工商总局、全国工商联和中国民营经济研究会《1993—2006 我国私营企业大型调查》结果表明，参与政治对于民营企业家具有非常大的吸引力，28.8%的民营企业家对当选人大代表、政协委员表现出浓厚的兴趣。在第十届和十一届全国人大代表、政协委员中民营企业家占有一定的比例，个别民营企业家已进入较有政治影响力的阶层。2007 年 11 月在当选的全国工商联第十届委员会的执委中，民营经济人士超过 60%，在当选的 23 名全国工商联副主席中，民营企业家的人数由上届的 7 个增加到 13 个[①]。上述统计数据及相关研究均表明，当前民营企业中普遍存在与政府建立良好的关系的现象。尤其是目前我国的经济处于转型期，政府环境对民营企业的生存和发展以及企业间的竞争发挥着非常重要的作用，成为民营企业外在经营环境的重要部分，因此，与政府建立良好的关系是民营企业成功的重要前提。

1.1.2 问题提出

综合上述理论和现实研究背景，本书拟从多元化经营实施角度进行研究，以资源基础理论为依据，考虑我国处于转型经济时期的制度背景，结合制度基础理论和政府干预理论，从行业多元化、地域多元化两个维度，分别考查其对民营企业短期绩效与长期成长性的影响，在此基础上重点考查政治关联的广度和深度在行业多元化、地域多元化与企业短期绩效、长期成长性之间的调节作用。通过研究，比较系统、全面地分析多元化经营、政治关联与企业绩效三者之间的关系，刻画出民营企业政治关联对多元化经营绩效的作用机理，为我国民营企业的多元化发展提供合理性建议。

1.2 研究意义

1.2.1 理论意义

1. 丰富了多元化经营的理论

多元化经营与企业绩效之间的关系一直是战略管理研究的焦点问题，

① 安灵、白艺昕、何雪峰．企业政治关联及其经济后果研究综述［J］．商业研究，2010（9）：67—71.

备受关注。但是，学者们却没有得出一致的结论，甚至实证分析结果呈现出“多元化溢价”和“多元化折价”两种截然相反的结论。本书以民营企业为研究对象，结合我国转型经济时期的制度背景，以多元化经营与企业绩效之间的关系为研究切入点，考查了不同多元化类型分别对企业短期绩效与长期成长性产生的影响，从而丰富了多元化经营对企业绩效影响的研究成果。

2. 丰富了政治关联理论研究成果，揭开多元化经营之谜

本书以资源基础理论为基础，结合制度基础理论和政府干预理论，不仅考察了多元化经营所产生的经济后果，重点考察了政治关联对多元化经营与企业绩效之间关系的调节作用，将多元化经营、政治关联与企业绩效放在一个框架中进行分析，深入探讨企业多元化经营与绩效之间的内在关系和作用机制，不仅从根源上揭开多元化之谜，而且丰富了政治关联理论研究成果。

1.2.2　现实意义

1. 有利于民营企业合理选择多元化经营

由于受到经济发达国家多元化经营理论与实践的影响，我国企业纷纷采取多元化经营，即使发达国家企业有回归“归核化战略”趋势，我国企业多元化经营的热情不减，存在多元化经营的冲动。实际上，对于不同国家的企业，或者同一个国家中处于不同发展阶段的企业，多元化经营可能产生不同的影响。因此，本书从资源基础理论出发，结合制度基础理论和政府干预理论，选取我国民营上市公司为样本，探究多元化经营与企业绩效之间的关系，重点探讨政治关联在两者之间的调节作用，使我国民营企业能够客观、理性地认识多元化经营对于企业绩效的影响，结合所处的制度环境合理实施多元化经营，避免盲目实施多元化扩张。

2. 有利于提高民营企业价值

政治关联有利于增加民营企业的盈利机会，从而提高企业价值。民营企业家对参与政治表现出浓厚的兴趣，最根本的原因是为了获得更多的经济利益。如果民营企业建立了政治关联，说明其在某种程度上获得了政府的认可，不仅能够从政府处获得企业经营所需要的重要资源，而且能够维护自身的经济利益。

拥有政府背景的企业高管由于对政府的政策动向和运作规则更为了解和熟悉，从而与政府官员打交道的过程中会取得更好的效果，在用地审批、开发权、政府采购、税收等方面为民营企业争取更多的优惠政策。因此，民营企业为了得到更多的贷款政策、税收优惠和市场准入等利益，就需要参与政治，从而使企业价值获得显著提升（Fisman，2001；Faccio，2006），在经济转轨时期，民营企业快速发展的强劲推动力就是这些资源和利益。而且，民营企业利用构建的政企关系，能够解决在贷款、土地、特许经营权等方面所面临的瓶颈问题，胡旭阳（2006）通过对浙江百强企业进行实证分析，结果表明民营企业家通过参与人大、政协等途径获得政治身份，使企业更加容易获得银行贷款，增强融资能力，促进了民营企业的发展。胡旭阳、史晋川（2008）研究表明，民营企业家拥有的人大代表、政协委员的身份，能够帮助企业进入政府管制行业，形成垄断利润。

由此可以看出，民营企业要克服市场失灵和政府失灵产生的问题，密切的政企关系可以发挥积极的作用，同时能使民营企业免遭制度歧视，获得企业绩效的提升。

3. 有利于提高民营企业的竞争力

我国经济正处于由计划经济向市场经济转型时期，经济体制正经历深刻的变革，社会的价值取向日益多样化，民营企业与政府之间的关系表现出更加密切的趋势。Chen et al.（2005）认为，在法律体系薄弱、金融发展滞后、非正式的税收负担加重、政府管制越多的地区，民营企业家参与政治的可能性较大，政治关联更能够为民营企业带来如资源、利益和机会等方面的优势。与西方发达国家不同的是，在我国，单个企业是政治战略的主体，谋取对企业本身的直接好处是政治战略的目标，而不是通过公共政策谋取好处，这也是所谓的“关系”在我国商业活动中的重要性。因此，政治关联能够提高我国民营企业的竞争力。

1.3 研究内容与研究目标

1.3.1 研究内容

通过对多元化经营、企业绩效和政治关联大量文献资料的查阅、归纳和梳理以及对相关理论的研究，确定了本书的主要研究内容：多元化经营对民营企业绩效的影响以及政治关联在多元化经营与企业绩效之间的调节作用。具体内容如下：

（1）通过查阅大量文献资料以及与相关领域学者的沟通交流，确定了本书研究的理论意义及现实意义。

（2）通过对多元化经营、政治关联及企业绩效方面的相关文献进行阅读、梳理及归纳，界定了本书的一些核心概念，如多元化经营、企业绩效及政治关联，在理论分析的基础上，厘清相关变量之间的逻辑关系，从而提出理论假设，进而建立理论模型。

（3）根据研究目的，确定研究样本，借助国泰安数据库、WIND 数据库收集关于政治关联、多元化经营及企业绩效方面的相关数据，手工计算相关指标，并且，选择数据分析工具与研究方法。

（4）根据所收集的上市公司二手数据及手工计算的一手数据，运用动态面板数据模型，借助 Stata14. 0 软件，验证文中所提各种假设，然后对实证分析结果进行讨论，得出研究结论，从政府和企业层面给出建议，并提出本书局限性及未来展望。

1.3.2　研究目标

通过对相关问题的研究，本书最终要达到以下几个目标：

（1）行业多元化和地域多元化是否对民营企业短期绩效具有显著影响及影响方向；行业多元化和地域多元化是否对民营企业长期成长性具有显著影响及影响方向。

（2）政治关联广度在行业多元化与民营企业短期绩效之间是否具有调节作用，如何发挥调节作用；政治关联广度在行业多元化与民营企业长期成长性之间是否具有调节作用，如何发挥调节作用；政治关联深度在行业多元化与民营企业短期绩效之间是否具有调节作用，如何发挥调节作用；政治关联深度在行业多元化与民营企业长期成长性之间是否具有调节作用，如何发挥调节作用。政治关联广度在地域多元化与民营企业短期绩效之间是否具有调节作用，如何发挥调节作用；政治关联广度在地域多元化与民营企业长期成长性之间是否具有调节作用，如何发挥调节作用；政治关联深度在地域多元化与民营企业短期绩效之间是否具有调节作用，如何发挥调节作用；政治关联深度在地域多元化与民营企业长期成长性之间是否具有调节作用，如何发挥调节作用。

1.4 研究方法与研究结构

1.4.1 研究方法

本书主要采用规范研究法与实证研究法，两者的有机结合不仅有利于对研究问题做出比较全面、深入的分析，更有利于提高研究的效率。

1. 规范研究法

本书的规范研究主要通过对国内外相关领域研究成果的梳理和回顾，从理论上深入探讨政治关联如何在多元化经营与企业绩效之间起到调节作用。通过网络数据库和专业期刊杂志，尽可能充分获得国内外研究文献，吸收和消化相关文献的成果，以了解相关理论的前沿和进展，特别是国外学者所使用的理论和方法。借鉴已有研究成果和研究方法，提出本书的理论架构和研究假设。

2. 实证研究法

本书的实证研究是在规范研究及所提的研究假设基础上，通过对我国民营企业多元化经营、政治关联与企业绩效相关资料的归纳和统计分析，构建政治关联对多元化经营与企业绩效关系调节作用的实证模型，并运用上述数据对该模型进行实证检验，最后对实证结果进行分析和解释。主要利用2008—2013 年间沪深两市 A 股民营上市公司的非平衡面板数据进行分析，使用 Stata14.0 分析工具。在数据分析上，采用描述性统计分析法来考察各个研究变量的分布状态，运用多元回归分析方法，对解释变量和被解释变量之间的关系以及调节变量的调节作用做进一步的分析，从而逐一检验所提假设，并且利用其他相关方法对研究结论的稳健性进行检验。

1.4.2 研究结构

本书内容共分为 6 章，各部分的主要内容如下（见图 1 -7）：

第 1 章　绪论。首先，介绍选题的理论背景和现实背景，提出本书要研究的问题，分析本书研究的理论意义和现实意义；其次，介绍本书的研究内容和研究目标；再次，介绍本书的研究方法和研究结构；最后，介绍本书的创新之处。

第 2 章 文献综述。分别梳理民营企业、多元化经营、政治关联及企业绩效的相关研究，重点分析多元化经营、政治关联与企业绩效三者之间关系的研究现状，在此基础上对现有研究成果进行评价并提出本书研究方向。

第 3 章 理论模型的构建。首先，对本书的相关理论进行了阐述；其次，分别从民营企业多元化经营与企业绩效之间的关系、政治关联对多元化经营与企业绩效之间关系的调节作用两个方面提出研究假设；最后，构建本书的实证研究模型。

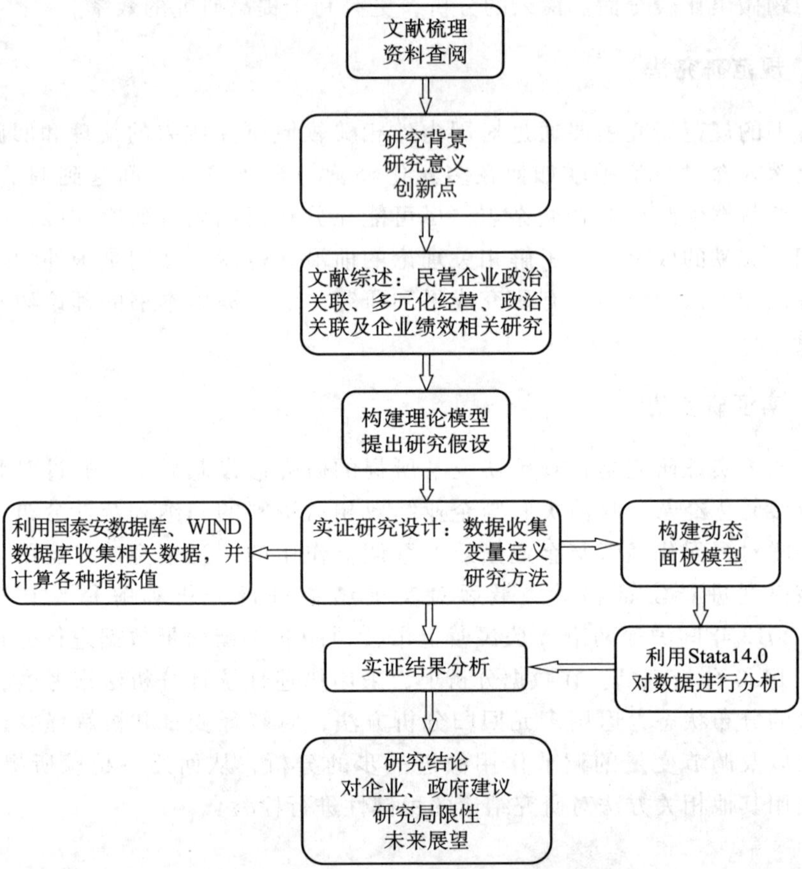

图 1-7 本书研究思路与结构安排示意图

第 4 章 实证研究设计。首先，介绍样本筛选的过程、原则，数据的收集过程、方法；其次，介绍自变量、因变量、调节变量及控制变量的选择及计算的标准，在此基础上对检验模型进行了全面的介绍；最后，介绍了在实证分析过程中所用的分析工具及具体的研究方法。

第5章 实证研究结果及分析。本章主要运用 Stata14.0 软件对研究模型进行分析，首先，对研究变量进行描述分析，计算各主要统计变量的均值、标准差、中位数，描述样本的行业分布等，对民营上市公司的政治关联状态及行业分布情况作出初步的了解；在此基础上利用主成分分析法，分别对衡量企业短期绩效的七个指标进行标准化处理、衡量企业长期成长性的两个指标进行标准化处理。其次，利用系统 GMM 方法分别对多元化经营对企业绩效的影响、政治关联在多元化经营与企业绩效之间的调节作用等方面进行回归分析，进一步对所提假设进行验证。最后，对结果进行分析与讨论，本书所提出的研究假设大部分获得了支持。

第6章 研究结论与展望。概括出本书研究的主要结论，从政府和企业两个层面提出管理建议，分析本书研究的局限性，并对未来研究方向进行展望。

本书的结构安排如图 1－7 所示。

1.5 创新之处

本书的创新之处主要体现在以下三个方面：

（1）从整合的视角研究多元化经营与企业绩效之间的关系。以往关于多元化经营与企业绩效之间的关系的研究，主要以产业基础理论、资源基础理论和制度基础理论为依据，没有将各种理论进行整合，本书尝试着以资源基础理论为基础，结合制度基础理论和政府干预理论，充分考虑到影响多元化经营的情境因素，将政治关联纳入研究视野，系统地研究多元化经营与企业绩效之间的关系，重点分析政治关联如何对多元化经营与企业绩效之间的关系起到调节作用，克服了已有文献研究的不足，有利于探寻多元化经营影响企业绩效的深层机制。

（2）以往研究多元化经营对企业绩效的影响，更多地将多元化经营定义为行业多元化，鲜有分析地域多元化对企业绩效产生的影响，尤其是国内地域多元化，本书将多元化从行业和地域两个维度进行划分，分析了两者对民营企业绩效产生的影响。

（3）从政治关联的广度和深度两个维度，考察了政治关联在多元化经营与企业绩效之间的调节作用。以往的文献研究关于政治关联的度量采用单一指标，本书采用多指标的衡量方法，并且分别从政治关联广度在行业多元化与短期绩效之间的调节作用，政治关联广度在行业多元化与长期成长性之间的调节作用，政治关联深度在行业多元化与短期绩效之间的调节作用，政治关联深度在行业多元化与长期成长性之间的调节作用，政治关联广度在地域多元化与短期绩效之间的调节作用，政治关联广度在地域多元化与长期成长性之间的调节作用，政治关联深度在地域多元化与短期绩效之间的调节作用，政治关联深度在地域多元化与长期成长性之间的调节作用等八个方面，比较全面、系统地分析了政治关联如何在多元化经营与企业绩效之间发挥调节作用。

第2章 文献综述

2.1 民营企业研究综述

2.1.1 民营企业的内涵

民营经济、民营企业是属于我国独有的概念，“民营”这一词汇是我国政治经济体制改革的产物，国外研究这一领域主要围绕民营化展开。在我国20世纪30年代王春圃所著的《经济救国论》中，最早出现了“民营”一词，它是指由民间经营的企业，与当时国民党政府的“官营”企业相对应。随着时代的发展，“民营”的内涵不断发生变化，尤其是1978年改革开放后，“民营”一词应用更加广泛。我国先后制定了《中华人民共和国公司法》、《中华人民共和国合伙企业法》、《私营企业暂行条例》等法律法规，这些法律对相应企业从注册到经营过程中的方方面面都做了详细规定，基本涵盖了现阶段我国各种类型的企业，唯独没有民营企业。“民营经济”或“民营企业”一词过去更多是社会与民间用词，中共中央和国务院的正式文件很少提及，官方正式文件中主要使用“非公经济”或“非公企业”一词。近年来，由于民营经济和民营企业在国民经济建设中的巨大作用，而且，“民营经济”或“民营企业”一词使用具有普遍性、广泛性后，中共十八届三中全会与五中全会在使用“非公经济”一词的同时，也正式使用了“民营经济”和“民营企业”词语。“民营经济”、“民营企业”更多时候是学术研究领域的一个概念，那么到底什么是民营经济、民营企业呢？至今学术界也没有一致的定义。目前，学术界主要存在以下三种代表性的观点：

第一种观点认为应从生产资料所有制层面来界定。从生产资料所有制性质上看，以自有资本、借贷资本和租赁资本为主的有直属机构的自然人或法人组织，自主经营，自负盈亏，并且在投资权和收益权方面具有相对的独立性，这样的总和称为民营经济。从广义上认为，除了国有经济之外都认定为民营经济，主要包括个体私营经济、城乡集体经济及其他形式。

第二种观点认为应从资产经营方式层面来界定。民营是相对于国营而言的，那么民营经济在大体上相当于非国有经济，但从一般意义上讲比其范围大。由于在我国允许国有经济采取民营的形式，所以，把民营经济定义为非国营的经营方式及所有制形式的统称，包括个体经济、集体经济、外商投资经济、股份合作制经济、股份制企业中非国家控股企业、国有民营企业以及港澳台投资经济等。

第三种观点认为要兼顾以上两种形式。认为民营经济主要体现在“民”上，如果仅从经营方式的角度来对民营经济进行界定，具有一定的片面性。所以，可以把民营经济看作是由“民营”和“非国有”两种企业形式构成的。

综上所述，主要从三个不同的层面对民营经济进行界定：第一层面是广义的民营经济，指除了国有经济、国有控股企业以外的所有其他经济；第二层面是内资民营经济，指除去外资经济，是个体经济、集体经济及其他混合经济的统称；第三层面是狭义的民营经济，主要包括个体和私营经济，指的是内资民营经济除去集体经济及其他混合经济的统称。

因此，本书关于民营企业采用狭义的定义，即指非公有经济中的个体经济与私营经济，最鲜明的特点是企业的最终控制人为具有民营性质的法人或自然人，国家没有直接或者间接控股的企业。由于在实证研究过程中，本书主要以沪深两市的民营上市公司为样本，所以依据《上市公司章程指引》，用企业的实际控制人来对民营上市公司进行界定。本书中所研究的民营上市公司的实际控制人，指的是可以追溯到一位（或多位）自然人（王琨、肖星，2005；潘克勤，2009）或者是具有民营性质的法人的上市公司。

根据上述关于民营企业的概念，并且参照上市公司章程，本书按照图2－1所示流程来界定民营企业，将符合条件的民营上市公司筛选出来。

本书第4章和第5章研究所需要的样本均为我国民营上市公司，这部分上市公司是从CSMAR[①]数据库中的“我国民营上市公司数据库”筛选出来的。

---

① 国泰安（GTA）CSMAR数据库是国泰安公司根据国际数据库标（CRSP和COMPUSTAT）开发的专门针对我国金融、经济领域的研究型精准数据库，包括股票市场、公司研究、基金市场、债券市场、衍生市场、经济研究、行业研究、海外研究和专题研究等11大系列的70个数据库，是全面涵盖我国经济、金融主要领域的高精准研究型数据库。

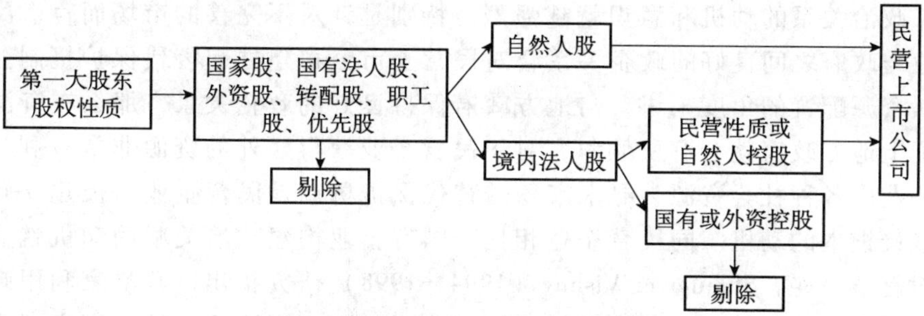

图 2 – 1　民营上市公司界定流程图

由于该数据库采用广义的定义，公司实际控制人类型包括了国家、代表国家的机构或企事业单位、自然人或家族、员工持股或工会、集体企业、外商投资企业和港澳台投资企业、公众持股和其他，因此，需要按照图 2 – 1 的流程剔除出非自然人或家族控股的上市公司，剩下的样本公司才符合狭义民营企业的界定。另外，出于样本同质性的要求，需要将 B 股类、金融类、ST 和 * ST类、创业板和中小板、注册地位于西藏自治区的上市公司进行剔除，详细筛选过程将在第 4 章进行介绍。

2.1.2　民营企业政治关联的特征

在我国，企业广泛存在政治关联的现象，特别是在制度欠发达的地区，这种现象就更为突出。企业家寻求通过成为人大代表、政协委员等政治身份或者加入中国共产党、参与政府公益事业等途径建立与政府之间的良好关系，进而获得来自政府补助、融资机会和税收减免等各种优惠政策，实现其经济利益。政治关联不是民营企业所特有的现象，在我国国有企业和外资企业也在不同程度上存在政治关联，然而，针对我国的特殊制度环境，民营企业和国有企业在建立和维护政治关联上有很多差异，民营企业有其自己显著的特点。

1. 追求经济利益是根本动机

关于企业建立政治关联的动机，Shleifer et al. 强调，构建政治关联所使用的部分租金要被政治家们提取，而公司价值要想得到增强，只有在构建政治关联边际成本低于它所带来的边际效益时才可以实现，企业构建政治关联的动机就在于此。国有企业与政府之间存在着与生俱来的天然的政治关系，而民营企业则是发展到了一定阶段后，通过各种努力才与政府之间形成了一定的政治关系。罗党论、唐清泉（2009）通过对民营企业主参与政治的制度环境考察发现，经济发展水平越落后的地区，民营上市公司与政府建立并形成良好政治关系的动机和意识就越强烈，特别是针对不完善的市场而言，民营企业与政府之间良好的政企关系会对民营上市公司建立起替代保护机制。如果从资源配置的角度来讲，与地方政府保持良好的政企关系，那么在资源的分配上地方政府就会有所倾斜，对于民营企业获得额外的资源非常有利。所以，获取各种社会资源、寻求市场的替代保护机制是民营企业积极建立政治关联最根本的动机。同民营企业相比，国有企业构建政治关联的动机就显得相对复杂一些，Shleifer & Vishny（1994，1998）研究指出，政治家利用政府资源所有权，不仅只为了实现社会目标，同时也会利用手中的权利实现个人的政治目的，如通过国有企业向他的支持者进行利益输送。国有企业的董事长或总经理多由政府派来的官员担任，推荐的董事往往缺乏经营企业的专业才能，并且他们的首要任务是要满足政府的衡量标准。而且，国家或政府在对地方官员的选拔、任命、考核、提升等方面不再仅以政治指标作为唯一的标准，逐渐倾向于一些经济指标，如所任职地区的 GDP 增长率（Li & Zhou，2005），同时，由于国有企业的特殊性，还要承担为社会提供就业机会、提供社会公共产品或服务等过多的社会功能。因此，国有企业建立政治关联的动机相对比较复杂。

2. 培育成本较高

企业家作为企业的决策者，其最终目的是获取最大的利润。因此，综合考量投入的成本与可能带来的效益后，企业决策者决定是否对政府（官员）实施投资，相比而言，市场投资的效果和收益在短期内会显现出来，而政治投资的效果和收益有可能是一个缓慢的、长期的过程。Xin 等研究发现，在我国，民营企业相对于国有企业和集体企业会把这种政治关系放在更加重要的位置，为了获得政府更多的政策保护和支持，在建立和形成这种政治关系上会投入更多的资源。民营企业家往往通过获得政治身份或地位及建立良好关系（如当选各级人大代表、政协委员，加入党籍，担任各级工商联职务，加强与政府官员的私人关系）等方式以获得更多的政治资源。

很多民营企业家都对获得各级人大代表或政协委员等身份具有浓厚的兴趣和较强的意识，因为，他们可以充分利用这些身份参与各种参政议政活动，以获得的合法地位来为本企业争取较大的利益，从而达到参与政治活动、发挥政治影响力、便于与政府建立良好关系的目的。但是，民营企业家要想获得人大代表及政协委员这种特殊的身份，前提条件是企业一定要为社会做出了很大的贡献，而且需要投入很多的资源，给企业带来很大的成本。比如 Shleifer & Vishny（1994）认为，企业只有向政府部门提供了足够的费用，才能够得到来自政府方面的政策优惠；Hellman et al.（2003）研究表明处于经济转型过程中的国家，为了让政府制定和实施于己有利的政策，企业需要通过向政府部门提供好处或向政府官员行贿；社会转型时，民营企业家得到政府肯定和建立良好政治关联的重要方式就是参加各种慈善活动（梁建、陈爽英、盖庆恩，2010）。但是，无论是建立还是维系这些关系，都需要民营企业有一定的支出。国有企业却不同，由于其属于政府的“圈内人”，因此，其不仅花费的成本会较少一些，并且建立政治关联也较容易，具有民营企业无法相比的优势。

3. 紧密程度不牢固

目前，民营企业家建立政治关联最直接的途径是成为国家、省级或地方的人大代表、政协委员，或者聘请前政府官员担任企业的高管，这需要企业付出相应的成本。而且，与获取这些资源的艰难程度相比，失去却非常容易。如果政府官员发生变化，关系也就随之变弱，甚至消失，这种关系具有脆弱性和不稳定性，一旦消失后再建立会更加困难。但是，国有股份公司却不同，它们往往是由计划经济下的国有企业转制的，与政府的关系往往比较清晰，并且呈现多样化的形式，如可以国家持股、国家委任高管、国家并购重组等。与民营企业相比，这样建立起来的政治关联更加稳定、牢固，受某些政府官员的个人原因（如更换）而失联的可能性较小。尤为重要的是，在计划经济体制下，国有企业与政府之间就已经建立了这种互相依存的关系，过渡到市场经济时，仍然会有效地起到应有的作用。

2.1.3 政治关联对于民营企业的作用

国内外的大量研究表明，政治关联已经同股权结构、人力资本的地位一样，逐渐成为企业的一项重要特质。尤其是我国处于经济转轨时期，民营企业为了更好地抵御政府的过度干预，通常会选择与政府建立良好的关系。政治关联可以为民营企业带来两大方面的作用：一方面，当民营企业在一个法律保护水平低下的国家或地区从事生产经营活动时，政治关联会成为一种替代机制，有效地保护企业的产权，避免或减少民营企业的资源受到政府的侵害；另一方面，民营企业可以利用政治关联获得更多的政府资源。具体作用主要体现在以下几个方面。

1. 有助于保护企业产权

产权制度是市场交换得以进行的前提条件。从制度经济学角度看，与产权清晰相比较，产权保护显得更加关键。市场交换的可能性由产权清晰来决定，而市场交换的现实性则由产权保护来决定，从而决定企业生存的空间和发展的广度。辩证地讲，保护企业产权的前提是必须要使其私有财产权得到有效的保护。我国法律政治性很强，即强化政治对整个经济社会的有效控制（蔡宝刚，2005），相对而言，西方国家产权保护机制比较完善，而我国民营企业在产权保护机制上的不安全性和不确定性就尤为突出。由于民营企业产权缺乏明确的法律保护，在这种情况下，民营企业为了使自身更安全地发展，就会利用一切手段来进行自我保护，其中与政府保持良好的关系是一种有效的手段。Chen et al.（2005）、Bai et al.（2006）发现具有政治关联的企业，能够降低其财产遭受政府部门无偿占有的风险。在我国经济法治水平不高和产权保护机制不健全的环境下，作为民营企业和政府部门联系的重要途径，政治关联的作用必不可少，它不仅能使各种有效资源优先为这些企业所取，而且还能成为有效机制失效的一种替代机制使企业产权免受损害。

2. 有助于获得贷款融资便利

民营企业在快速发展的同时也面临着各种约束，这些约束有的属于市场进入方面的范畴，有的属于治理结构和产权保护方面的范畴，但是，最直接的约束是来自于融资方面的约束。Johnson et al.（2002）通过对东欧国家的研究表明：在经济转型的国家，民营企业投资规模越大，对外部融资的要求也就越高。Cull & Xu（2004）的研究结果显示，要想提高我国私营企业的再投资比例，获得外部融资的作用就愈加重要。由于国有企业与政府之间存在天然的融洽关系，使其获得融资的难度要低于民营企业，而对民营企业而言，融资是其存在和发展一个重要砝码。国家的政治行为一直干预国有银行的运作，相对于国有企业来讲，民营企业一直被不够宽松的政治和政策环境所束缚。国有企业依靠宽松的政策得到了较多的融资和发展机遇，民营企业享受不到宽松的政策支持和有效的产权保护机制的环境下，往往会另辟蹊径，加强与政府部门的沟通，做好政治关联以谋得自身生存的环境和拓宽发展的空间。

与政府搞好“关系”使民营企业的日常经营更容易获得地方政府的大力扶持，甚至从当地的银行获取更多的贷款。并且，拥有政治关联的企业家凭借其政治身份，可以通过日常的政治活动与银行高层管理人员建立关系，并在沟通与联系中缓解或消除彼此之间的信息不对称，从而获得关系贷款。虽然商业银行经过了多年的改革，但是政府对其业务决策仍然具有一定的影响力，这样，企业家可以借助一定的政治身份或利用政府的力量来对银行决策进行干预，进而获得更多的贷款优惠。

从另一角度看，民营企业家的政治身份也向银行传递了积极的信号。如果民营企业家当选人大代表或政协委员等职务，那么他们所在的企业一般来讲也是发展比较好的，比如徐冠巨、刘永好、尹明善等等，他们的企业发展得有声有色，政治和经济效益都比较成功，具有一定的代表性。因此，体现一个民营企业的发展和实力往往通过企业家的政治地位彰显，这种政治地位可以有效地增强信息传递的能力，这种能力随着政治地位的提高而提升。

3. 有助于进入政府管制行业

1978 年改革开放后，我国的民营经济取得了举世瞩目的成绩，对于我国经济的发展起到了积极的促进作用。但是，即使民营经济已经成为我国经济体系中非常重要的一个组成部分，民营企业在日常的经营活动中仍然时常会遭遇来自制度和国家政策上面的种种不公平的待遇，特别是在进入国家的重要行业方面尤其严重。陈斌、佘坚、王晓津等（2008）研究结果表明，进入交通运输、汽车、金融、能源等政府管制行业的民营企业大约占全部民营企业的 20%，而国有企业的进入比例则达到 90.31%，差距非常明显。

随着 2005 年国家鼓励非公有制经济发展的政策陆续制定并出台，部分政府管制的行业才允许民营资本涉足。而这些政府管制的行业往往被国有企业垄断，民营企业要想进入这种高壁垒的管制行业，必须要加强政治关联，因为政府控制着这些管制行业资源的分配权，要投入更多的资源放在建立政治关联上（Xin & Pearce，1996）。从一定意义上讲，政府是解决民营企业进入管制行业问题的核心。民营企业要想更快更深入地进入政府管制行业，得到更多的政府补贴，就必须拥有越多的政治资源，企业家的政治地位越高，企业的影响力越大，作用就越明显。郭剑花、杜兴强（2011）研究了民营企业预算软约束及政府补助受政治关联的影响，研究结果表明，虽然在政府部门的干预之下有政治关联的民营企业承受着政府所影响的雇员负担，但是同时也赢得了更多的政策支持和财政补贴。潘越、戴亦一、李财喜（2009）研究政治关联对于财务处于困境企业获取政府补贴的影响，结果表明，当民营企业面临财务困境时，政治关联能够帮助其获取来自政府方面的补贴，而国有企业政治关联的作用却不显著。

4. 有助于获得税收优惠

民营企业要想使自己享受税收减免和返还等优惠措施，就必须积极与政府沟通，构建和谐的关系，达到降低税率、增加利润的目的。

在 2007 年以前，政策规定我国企业所得税为 33%。可是实际操作中，政府却有很大的自主权，可以对企业的税率实行一定的优惠，企业往往从中可以节省很大一笔资金。各个地方政府在实施所得税优惠政策时，除了硬性规定的优惠政策，如对经济特区等，其他许多政策都有较大的弹性和不确定性，那么政府部门在执行时就具有很多的支配权。另外，国家为了加快国民经济中的一些重点行业发展，实施了一系列的税收优惠政策，实施这些优惠政策时，当然要审批一些硬性指标，然而直接通过可操作性和随意性的软性条件进行操作的不占少数。民营企业会寻找各种途径与政府搞好关系。如果企业家在政府部门任过要职，那么他就会利用在政府任职时积累的人际关系和基础，与政府部门的“沟通”会更顺畅，赢得税收优惠政策几率也就越高。因此，具有政府背景的民营企业相比没有政府背景的，获得政府税收优惠政策的可能性也就大得多。

2.2 多元化经营研究综述

最早研究多元化经营的是20世纪50年代美国的现代公司。随着多元化的实践热潮经历了60年代的不相关多元化，80年代的多元化协同效应，90年代以后的归核化战略，多元化的理论研究也经历了由行业选择理论到资源理论以及最后到核心能力理论的发展历程。我国多元化经营研究虽起步较西方晚，但其成果目前已广泛应用于国有企业、民营企业等生产经营活动中。

2.2.1 多元化经营的内涵

目前理论界、实业界在多元化经营方面的研究成果可谓汗牛充栋，但是，关于多元化经营的概念，学术界到目前为止也没有形成一致的观点，究其原因主要有两个方面：一方面，是由于企业的多元化经营比较复杂，难以用抽象的概念对其精髓进行浓缩，用精炼的语言将其概括出来；另一方面，在于企业的多元化经营研究还处于不断摸索阶段。由于学者们的理解角度不一样，对多元化经营的内涵也给出了不同的定义。目前，学术界主要存在以下两种观点。

一种观点认为多元化经营为企业所处的静态状态，即企业经营业务分布于多个行业的一种经营方式。在1962年美国学者Gort提出，在原有产品基础上进行细分并不属于多元化经营，只有异质市场中进入了异质产品的跨行业从事经营活动才被认为是多元化经营。Pitts & Hopkins（1982）基于Gort（1962）的观点对多元化经营的范畴进一步扩展，在多元化经营的研究中将“行业”一词用“业务”来代替，认为多元化经营是企业同时从事不同种类业务的一种经营方式，而且在经营过程中通常会出现两种非常特殊的情况：

一种特殊情况是这些业务之间在技术或市场方面具有高相关性，另一种特殊情况是这些业务之间毫无相关性。我国学者汪建成、毛蕴诗（2006）指出多元化经营是企业产品或服务涉及两个或两个以上产业的一种经营方式。

另一种观点则认为多元化经营属于企业的一种动态行为过程，即是企业进入新行业的一种成长方式。Ansoff（1957）是最早从动态的视角研究多元化的学者，他认为多元化经营是成长战略的一种，并且在《多元化战略》一文中明确提出了企业获取成长机会的四种方法，即在已占领的市场内继续增长、开发新产品、开发新市场和多元化经营，并且强调多元化战略是用新产品去开发新市场的战略。Chandler（1962）认为，企业一旦实施多元化经营，产品线就会从单一变成多元，要求组织结构随之相应地发生变化，必须由一元组织向事业部制组织转变。Chandler 的研究视角与别人有所区别，他主要基于组织的视角来探讨多元化经营使组织结构发生的变化。Ramanujam & Varadarajan（1989）在对前人观点综合的基础上，提出多元化经营是一个企业或一个业务单元，借助自身的发展或者收购的方式进入到一个新的领域经营，并且引起管理结构、体系及管理过程发生了变化。康荣平（1999）指出，多元化经营是指企业不仅在原来的行业从事生产经营活动，同时涉足其他多个行业。尹义省（1999）认为，多元化是企业的一种经营方式或者成长行为，指企业经营的产品或提供的服务涉及一个以上的行业。

参照 Ansoff① 的定义，本书提出多元化经营是指企业发展到一定阶段，为寻求长远发展而采取的一种成长或扩张行为，这种扩张不仅包括行业扩张，也包括地域扩张。

2.2.2　多元化经营的维度

从多元化经营的内涵上可以看出，早期学者关于多元化经营的研究维度仅限于业务一个维度，以一个维度为标准进行分类。随着研究的深入，对于多元化的内容和分类发生了新的变化。Nathanson & Cassano（1982）对美国公司的多元化经营进行了研究，主要按照产品多元化和市场多元化两个维度，市场多元化实际上与地域多元化含义相同。Hoskisson，Hitt & Ireland（1994）研究指出，企业的多元化应该包括经营地域多元化，即包括企业在地理位置上进入不同的区域市场，甚至认为同产品多元化对企业绩效的影响程度相比，地域多元化的影响程度更大。Qian（1997）、Kim，Kim & Pantzalis（2001）、

① Ansoff H. I. Strategies for Diversification [J]. Harvard Business Review. 1957, 35 (5): 113 - 124.

Duru & Reeb（2002）也都认为，多元化应该划分为产业多元化和地域多元化两类。我国学者毛蕴诗（2004）构建了多元化经营的三维度模型，认为多元化经营包含业务、职能与空间（地域）三项内容，要结合三个维度进行分析。第一个维度是业务多元化，用横坐标表示，由相关多元化、无关多元化、纵向一体化衡量；第二个维度是内部职能多元化，用纵坐标表示，由企业内部涉及制造、物流、营销、服务等业务活动的多少和组合来衡量；第三个维度是地域多元化，用斜坐标表示，可由业务所涉及的空间区域范围进行划分，如省市、国内、国外、区域、洲际、全球来衡量。企业多元化经营的难度随业务、职能与空间（地域）三个维度的多元化程度的高低及组合而定。本书在毛蕴诗（2004）三维分类的基础上，采用 Qian（1997）、Kim，Kim & Pantzalis（2001）、Duru & Reeb（2002）、杨京京（2012）的二维分类法，将企业的多元化在行业和地域两个维度进行研究，不讨论企业内部职能多元化这一维度。

1. 行业多元化

早期对于多元化的定义，经历了从产品种类到跨行业为特征的转变，现实中就很难将产品、行业、产业进行明确的区分，Penrose（1959）认为"产品"和"行业"两个概念间相对较模糊，难以区分，因此，很难对企业的多元化给出一个明确的定义。以往研究中"产品多元化"、"行业多元化"和"产业多元化"三者通常并没有严格进行区分，而是交替使用。虽然产品多元化与行业多元化间有一定的差别，但就其本质而言，都是指企业的产品或服务跨越一个以上产业的经营方式（汪建成、毛蕴诗，2006）。本书参照杨京京（2012）做法，采用跨行业为判断标准的行业多元化定义，因为这样不仅可以进行科学的阐述，而且在实证上也容易识别和计算相应变量。

2. 地域多元化

地域多元化，也有文献称为"地理多元化"。Capar & Kotabe（2003）将地域多元化定义为企业的业务经营范围超越了本地区或者本国的边界到其他地区或者国家。汪建成、毛蕴诗（2006）认为，地域多元化是指企业在不同地域的子市场通过水平或垂直一体化的方式进行扩张。按照上述定义，地域多元化包括本国地域多元化和跨国地域多元化两个维度。本国地域多元化是指企业在本国的地域范围内进行业务扩展，即指企业业务跨越了企业所属区域向国内其他区域进行扩张。跨国地域多元化是企业扩展产品或服务的销售跨越了本国的边界，从而进入了不同的地域或市场的一种战略（Hitt，Ireland & Hoskisson，2007）。许多文献中，经常使用"国际化"、"跨国多元化"、

“全球化”、“全球多元化”、“跨国化”以及“跨国多样性”等，其实这些术语仅仅是叫法不一致，指的都是同一种战略构建，仅是地域多元化的另外一种形式而已。本书将地域多元化的研究范围主要界定在国内，然而由于我国地域比较广阔，各个省市区之间存在较大的差异，而且市场分割现象普遍存在，因此，有学者指出我国各个省市区之间的界限甚至比欧洲各个国家之间的界限还要明显（黄赜琳、王敬云，2006）。

行业多元化与地域多元化属于多元化经营的两个方面，但是，本质上两者属于不同的经营类型。行业多元化经营是为了扩大产业的广度，地域多元化经营是为了在空间上扩大经营范围。两种方式本身并不存在孰优孰劣，仅是在企业的不同发展阶段，不同的经营方式占据主导的地位。通常来看，当企业的发展阶段处在扩张初期时，更多实施行业多元化，随着进一步发展壮大，地域上开始向外进行延伸，倾向地域多元化。对于企业而言，两者之间也并不是完全独立的。企业在推进发展的过程中，在关注行业多元化的同时也要关注地域多元化，培育企业跨行业与跨地区管理的协调能力，在两者之间寻求平衡是企业获得快速成长、绩效提升的重要战略选择（汪建成、毛蕴诗，2006）。

2.2.3　多元化经营的动因

1. 行业多元化的动因

多元化经营一直是学者们关注和研究的重点领域，对企业进行多元化经营的动因也比较感兴趣。有关多元化经营动因方面的理论解释已经非常丰富，学者们主要基于战略管理学、微观经济学、金融学等理论。本书综合已有的研究成果归纳为以下几种：

第一，追求协同效应。1965 年，Ansoff 提出了“协同性”这一概念，他提出协同就是企业将自身的能力与外部机遇进行有效匹配来进行新业务的拓展，协同战略像一条纽带将企业的多元化业务实现有效联结。即企业通过寻求合理的投资与管理、运营、销售等战略安排，实现有效配置业务单元、生产要素与环境条件，从而使公司得以更充分地利用现有优势，实现一种类似报酬递增的协同效应，并开拓新的发展空间。Porter（1985）认为，企业多元化经营最根本的原因是业务之间的关联性（协同关系）。Kanter（1989）指出，多元化经营存在的唯一理由就是取得协同，公司的经理完全能够运用协同作用来说明公司采取多元化经营具有合理性。从学者们对协同性的阐述中可以看出，协同效应等同于范围经济，即多元化业务相互协作后达到了“1 +

1 >2”或“2 +2 =5”的效果，大于单个业务独立经营时的价值之和。在已有文献中，学者们达成共识，也就是说如果公司的多元化经营取得了成功，那么其主要是将范围经济或协同性进行了很好的运用，尽可能把多个业务自身的优势有效地结合或者协调起来，劣势有效规避，从而实现优势互补。

第二，分散经营风险。Markowits（1952）提出了现代资产组合理论，该理论的核心就是通过对风险不同、收益不同资产进行有效配置，来分散经营风险。现代资产组合理论认为公司经营中存在两种风险：系统性风险和非系统性风险。系统性风险是无法利用投资组合的手段进行分散的，而非系统性风险却可以。非系统性风险属于产业特有的风险，由于不同产业的产品特点不同、产品所处的生命周期和市场需求弹性不同、各个产业的经营和财务状态不同，使不同产业各自面临的风险也不尽相同，这样企业就可以实行多元化，通过开展不同的业务，尤其是现金流不相关的业务，从而分散非系统性风险，减少预期收益的波动性。Lewellen（1971）认为，多元化经营的企业不同的业务之间具有共同保险效应，多元化业务所带来的收入之间不完全相关，这种收入的分散性能减少个别产品收入波动带来的风险，最终避免引起企业总收入降低的风险，即达到共同保险的作用。Melicher & Rush（1973）认为，公司风险的降低能够增强其借贷能力，使资金成本降低，这样多元化经营的公司的负债能力比单一业务公司更强，并且资产负债率更高，从而获得税收屏蔽优势。Amihud & Lev（1981）认为，将公司内相关性较小的财务流连接起来不仅能够使公司的整体风险降低，而且能取得稳定的收益。Chang & Thomas（1989）指出，企业进行多元化经营涉及的行业间相关度越低，分散风险的能力越强。

第三，委托代理动机。委托代理理论认为，由于与股东的目标不同，企业管理者为了使自身利益达到最大化而进行多元化经营。Muller（1969）指出，公司的经理人追求自身利益最大化，往往无视公司所拥有的优势，进行过度投资行为，此时并不是为了企业的价值或者利润最大化，只是为了满足经理人自身的需求，利用多元化的手段，经理人过多地进行在职消费，从而实现控制大企业的目标。其他学者基于委托代理理论认为，管理者进行多元化的目的包括：提高个人薪酬（Jensen & Murphy，1986）；提高个人声望及权利（Jensen，1986；Stulz，1990）。由于随着企业规模和经营范围的扩大，要求管理人员具有较高的管理技能才能体现这些特殊人才的重要性，进而使管理者在公司中的地位变得更加牢固（Shleifer & Vishny，1990）。

第四，形成有效的内部资本市场。多元化企业的资金在企业内部进行配置被称为内部资本市场理论，该理论认为，企业进行多元化经营可以平衡现金流，保持现金流的稳定，形成有效的内部资本市场。Williamson（1975）认为，用内部资本市场的存在来解释多元化比较合理，由于与资产专用性有关的契约问题在市场上引起高额的交易成本时，企业倾向于在内部对资产进行配置，为了使资源获得有效配置，通过多业务结构创造一个内部资本市场。Stein（1997）通过构建模型说明，当资源存在约束条件时，同外部筹资渠道比较而言，内部资本市场能够使经理人具有一定的自主性，将资金分配到效率高的部门，进而使企业价值得到提升。Chatterjee & Wernerfelt（1988）指出，只要交易成本高于组织成本，会发生市场失灵的现象，多元化可以作为一个可行的战略选择。Khanna & Palepu（2000）研究发现，新兴市场国家中，由于市场制度缺失使交易成本增加，企业采用组建集团的方式来降低交易成本，通过对子公司的管理来协调内部市场上的交易，以此来克服低效或者无效的法律机制。可以看出，资源通过内部市场进行分配比外部市场更有效率。Barney（2002）指出，多元化企业为了取得发展过程中所需要的资源，内部资本在不同的业务部门间竞争、分配，事实上，在企业的内部多元化经营创造了一个资本市场。与外部资本市场相比，内部资本市场效率较高，分析原因有两个：一是经营过程中由于信息不对称带来了摩擦成本，内部资本市场能够减少这种摩擦成本，进而降低融资成本；二是内部市场的存在，资金可以从利用效率低的部门向效率高的部门转移，提高了多元化企业资金的投资效率。

2. 地域多元化的动因

随着全球经济的发展，企业所面临的竞争环境越来越严峻，要想在竞争中不被淘汰，并且获得一席之地，必须自身发展壮大。企业可以通过两种途径不断发展壮大：一种是内部增长方式；另一种是外部扩张方式。内部增长方式主要采用的手段是增加投入，扩大生产规模；而外部扩张方式主要采用兼并、收购等手段进行横向扩张，使现有的生产规模得到扩大，地域多元化也属于外部扩张方式的一种。Kogut（1985）认为，实施地域多元化可以在土地资源的有效利用、跨国网络的弹性与谈判以及获得规模经济、范围经济、学习效应三个方面具备优势。Birkinshaw，Morrison & Hulland（1995）实证结果表明，当产业达到规模经济效益时，企业倾向于实施全球化整合战略，有利于企业绩效的提升。

王晓健（2010）、杨京京（2012）主要从以下五个方面总结了企业实施地域多元化的动因：

第一，新市场的开拓。地域多元化属于企业在空间上的一种扩张行为，企业实行跨地区经营可以进入新市场，从而能够获得更大的发展机遇。

第二，形成垄断优势。垄断优势理论表明：企业利用主营业务实施横向一体化战略，能够获得更大的市场权利，能够有效地降低交易成本，在产品价格上形成优势，从而控制市场。

第三，降低经营风险。企业实施地域多元化经营在一定程度上能够起到降低风险的作用。由于各个地区的制度环境存在差异，地域多元化可以降低环境不确定性带来的风险。而且，企业在不同的地域经营，某个地区的业绩不佳，对企业的总体经营业绩不会产生太大的影响。

第四，地方政府政策驱动。最近几年，为了缩小地区间的差异，促进各地区经济协调发展，国家在诸如税收、土地等方面出台了一系列的优惠政策，各地方政府为了拉动当地经济的发展、吸引更多的外地企业甚至外国企业来本地投资，也纷纷加大补贴力度。在政策的刺激下，企业纷纷选择跨区域投资。

第五，成本因素推动。我国城市之间发展存在较大的差异，经济比较发达的地区，企业劳动力成本上升，土地资源短缺，环境监督严格，这些直接导致企业成本的提高。为了降低成本，获得价格优势，很多企业纷纷进行跨地区经营，选择进入生产要素成本相对较低的省市生产经营。

2.3 企业绩效研究综述

2.3.1 企业绩效的内涵

企业绩效是战略管理研究的重点，用来衡量企业在一定时期内所取得的经营效果，战略管理的效能主要依靠企业的绩效进行检验。同时，企业绩效也是组织管理研究的重点，主要体现企业经营管理的效益与效率，是企业的经营管理者对企业经营成效的概括与汇总。虽然学者们都十分重视企业绩效的研究，获得极大关注，然而关于企业绩效定义，学术界至今存在争议，没有达成一致。

Venkatraman & Ramanujam（1986）指出，不同的研究者由于研究目的不一样，所持的研究兴趣也会不同，研究的组织类型也会不同，获得的研究价值也不同，那么组织绩效的意义也会不同。Seashore（1965）认为，组织效能是衡量一个企业经营好坏的各种评价标准的总和，是一个多目标构成的体系，并且提出了金字塔式的层次结构模式，这种模式将各种衡量标准综合起来，形成对经营状况一种特定的、可操作的评价体系。Seashore 的观点引起了其他学者的极大重视，许多学者都提出应将绩效视为一个构造，而不仅仅将其界定为一个概念。

Campbell（1977）指出，关于组织绩效由于没有直接的操作性定义，只能通过构建理论模型对其进行研究，因此，必须把组织绩效当作一个构造，通过所建立的理论模型，找出所测量变量之间应存在的关系或实际存在的关系。

Forde & Schellenberg（1982）通过对前人研究的总结，利用以下三种方法来对绩效进行定义：第一种，目标途径法。这种方法主要基于组织目标理论，通过组织既定目标的实现程度来定义绩效，比较组织的既定目标与最终目标的完成情况，如果两者之间的差距比较小，说明目标完成得比较好，绩效也比较好。第二种，系统资源法。此种方法主要基于资源基础理论，以企业取得平均利润作为标准，用企业获得稀缺性、价值性的资源来判定绩效，拥有的资源越多，垄断程度越大，绩效越好。第三种，成分途径法。此种方法主要基于利益相关者理论，利用组织成员与组织间的互动行为，或组织成员相互之间的互动行为对绩效进行定义，如果这两种互动关系表现得越密切，那么组织的绩效越好。

Walker & Roering（1985）从效能、效率和适应性三个方面对绩效进行定义。其中效能用组织向市场所提供的产品或服务（如用来与竞争对手比较的市场占有率或销售成长率）来衡量；效率用组织资源的投入产出比（如投资报酬率）来衡量；适应性用企业面对机会或威胁时的应变能力（如某一时期内投入上市的新产品的销售数量或销售率）来衡量。

目前，学术界关于绩效主要从结果角度、行为角度和过程角度进行定义：(1) 从结果角度认为绩效是与企业的目标联系紧密的结果（Kane，1996），绩效具有数量的特征，能够定量测量，企业的经营状况、竞争力及经营者的业绩都视为企业绩效（张兆国，2002）；(2) 从行为角度认为绩效是受系统因素影响的一种组织行为（Campbell，1990），不仅是一种结果，更是与结果有关的行为（冯丽霞，2002）；(3) 从过程角度认为绩效既是组织的行为也是结果，行为是实现结果的基本条件之一（Bmmbradi，1988）。企业的目标和结果固然重要，但是实现目标和结果的行为也不容忽视，应该作为衡量绩效的组成部分（李帆，2006）。对于企业绩效的衡量，无论从哪个角度出发，理论界都没有形成一致意见，依然是战略管理研究领域里最困难的问题之一。

2.3.2 企业绩效的测度

多年来学者们从不同的角度对企业绩效进行研究，由于强调的重点不同，对于绩效的衡量指标的选取也有所差异。要想灵活地运用绩效指标反映事物的本质，必须对绩效指标有比较清晰、完整的认识，并且在分类的基础上对指标进行深层次探讨。目前，对绩效指标通常从以下三个角度进行分类：

1. 单一指标和多项指标

顾名思义，单一指标就是在对企业绩效进行衡量时，仅仅利用一个有效指标即可。例如，在早期的研究中人们认为企业从事生产经营活动的唯一目标就是取得利润最大化，因此，学者在研究中将生产力、效率等作为衡量绩效的单一指标。Zahra & Covin（1993）将销售报酬率作为单一指标衡量绩效，认为效果不错。随着研究的不断深入，学者们认为企业在经营中可能追求很多目标，仅用单一指标来衡量企业绩效具有片面性，目标的多样性需要衡量企业绩效的指标也应该多样化（Chakravarthy，1986；Venkatraman & Ramanujam，1986；Kaplan & Norton，2004）。

2. 财务指标和非财务指标

许多学者认为衡量企业绩效的指标应该包括财务指标和非财务指标（Kaplan & Norton，1990；Eccles & Pyburn，1992；Bushman，Indjejikian & Smith，1996）。由于财务指标具有很多优点，如比较直观、容易进行量化处理、便于理解，而且能够有效地进行对比分析，因此，在很长一段时间内受到研究者的偏好。常用的指标有：投资回报率、销售利润率、销售增长率、净利润等（Venkatraman & Ramanujam，1986）。后来的研究中，学者们发现财务绩效主要是反映企业短期内的财务业绩，主要体现企业过去的业绩，导致在使用过程中，仅将过去的绩效考虑进来，而往往忽视了利于企业未来发展的长期绩效。而且，企业在发展中充分追求经济效益的同时，必须追求社会效益（孙东川，2009）。学者们开始研究非财务指标，如市场占有率、员工离职率、客户满意度等（Venkatraman & Ramanujam，1986；Kaplan & Norton，1990）。而且随着竞争加剧，非财务指标日益受到青睐。

3. 客观指标和主观指标

客观指标是指定量衡量企业绩效的指标，如企业的财务指标和市场指标等，对于非上市公司，企业的客观指标难以获得，即使获得了也很难保证其真实性、准确性，因此，客观指标具有一定的局限性。主观指标是指无法用定量方式衡量企业绩效的指标，如前面提到的员工离职率、顾客满意度等，只能通过开发量表、利用问卷调查的方式获取，然而问卷设计是否合理、受访者是否能真实回答问题等，也会影响数据的质量，因此，主观指标也具有一定的局限性。目前，在管理领域对企业绩效研究中，学者们采用的做法是当比较的标准不一致或者财务指标无法收集的情况下，建议采用主观绩效评价方法（Dess & Robinon，1984）。

企业绩效是衡量企业经营管理活动的效果，是一个多维度的复杂概念（Chan et al.，1997）。在对企业绩效进行文献回顾时发现，基于研究视角及企业性质的差异，对于企业绩效的评价有所不同，由于单一的评价指标仅能反映企业绩效某一个方面，因此，往往不采用单一指标，而采用多个维度来共同反映企业的绩效更为科学合理。目前，财务绩效和非财务绩效是最常用的方法，也有学者倾向于将财务指标与非财务指标、客观指标与主观指标结合的方式来对企业绩效进行衡量。

除了上述分类方式，也有学者将绩效分为生存绩效与成长绩效。Covin & Slevin（1991）认为，绩效可以分为成长性和获利性两个方面，成长性可以用销售增长率、市场占有率和员工数量等指标衡量；获利性可以用资产回报率、单位销售利润率等指标衡量，并且建议在具体的研究中应将两个方面结合考核企业绩效。Hoy et al.（1992）认为，销售增长是衡量企业成长性最恰当的指标，不仅易获得且能较好地反映企业短期与长期的变化，最重要的是它被创业者广泛接受。同时，也指出员工数量的增加（或新增就业岗位数量）也是衡量企业成长性的一个重要指标。Chandler & Hanks（1994）也认为，从财务指标和获利能力两个方面来衡量长期绩效为宜。Antonic & Hisrich（2001）从绝对和相对两个方面衡量成长性和获利性，细分为相对成长性、相对获利性、绝对成长性和绝对获利性四个方面的指标。

因此，为了全面衡量企业绩效，本书认为应从收益能力和成长能力两个方面进行分析。收益能力是从静态的视角来衡量企业的实际经营成果，即获得利益的多少，通过收益绩效指标进行测度；成长能力主要从动态的视角来评价企业实际经营状况，并且同时考察了企业过去的经营成果及未来的经营潜力，但更多强调企业未来的发展状况，通过成长性绩效指标进行测度。企业的成长性绩效指标更多地体现企业的一种潜力，即获得未来财务绩效的能力，因此，与企业的战略联系比较密切，更能体现企业在未来所具有的持续发展能力。

2.4 政治关联研究综述

20 世纪 70 年代 Krueger 开创性研究政治关联，进入 21 世纪，各国学者们对政治关联的研究越来越重视，无论是从理论方面还是从实证角度的文献逐渐增多。但是，由于各国学者研究的角度和方法不同，加之各国的国情不同，因而得到的结论也各有不同。通过对国内外已有文献的梳理，为后文进一步研究工作奠定坚实的理论基础。

2.4.1 政治关联的内涵

政治关联（political connection）又称政治关系或政治联系，我国学者也称政府背景或政治参与。近几年，各国学者一直都在重点关注政治关联，与其相关的研究领域也开始关注，关于如何定义政治关联的内涵还未形成共识。但是有一点可以肯定，即政治关联与政治腐败、政治贿赂是有本质区别的，它在法律层面上是合法的。

“政治关联”这一概念最早在2001年由学者Fisman提出，但并没有给出明确的定义。随后，国外学者尝试从各种不同的角度对政治关联内涵进行界定。

1. 以公司董事（或高管）是否曾经（或现在）在政府（或议会）工作或与政府官员、国会议员存在“紧密关系”为标准

Faccio（2006）认为，如果一个企业被定义为有政治关联，那么这个企业肯定有一个或几个核心管理者本身就是政府高级官员如国会议员、政府部长、州长，或者与政府的掌权者及相关的政党存在密切的关系。Bertrand et al.（2007）以法国公司为研究对象，对公司政治关联的界定主要限于CEO，同时满足以下两个条件就认为具有政治关联：一是毕业于精英学校，二是曾在政府部门任职或曾任公务员。Joseph et al.（2007）研究表明，如果企业的CEO担任或曾任中央政府、地方政府或军队系统的官员，该企业被认为具有政治关联。Ferguson & Voth（2008）以20世纪30年代的德国公司为研究对象，对政治关联的范围界定在董事会成员与经理，认为如果他们与执政党保持紧密的关系，那么该公司具有政治关联。Goldman，Rocholl & So（2009）指出，公司的董事会成员曾任参议员、众议员、行政机关工作人员，或者曾任类似于中央情报局等机构的负责人，则认为该公司具有政治关联。

2. 以公司在政治竞选中对候选人的政治捐赠为标准

有学者指出，政治竞选中公司对候选人的政治捐献可以作为衡量政治关联的方式。Khwaja & Mian（2005）提出，当候选人在竞选的过程中，公司对其给予了一定数额的捐赠，那么该公司被定义为具有政治关联。Claessens et al.（2008）将政治关联定义为一种关系，这种关系主要就是公司通过对当选者在竞选时进行捐款而建立的。Ferguson & Voth（2008）研究1930年的德国企业，指出如果某个公司曾经为纳粹党或者领导人提供政治捐赠，或为执政党提供资金上的支持，那么该公司被认为具有政治关联。Claessens et al.（2008）指出，该方法的优点是能够用政治捐赠的数额来衡量政治关联的程度。但 Goldman et al.（2009）也明确指出，其不足之处在于，公司进行政治捐献有可能仅是由于对候选人或者政党的一种政治偏好，不一定是企业的政治影响，另外，该度量策略也会受到一国政治组织方式的制约。

3. 以公司总部是否与政治家的生活地或出生地相同为标准

以该指标来衡量公司的政治关联需要一定的前提条件，也就是因政治家需要重新竞选，或者由于政治家对于当地的就业比较关注，或者由于政治家与朋友、亲人及当地企业保持着密切的关系，无论出于以上哪种原因，政治家都会支持本地的企业。所以，形成政治关联的重要基础之一就是享有共同的地理位置，该因素同时也是对政治关联程度的一种度量。Faccio & Parsley（2009）认为，如果公司的总部位于政治家的出生地，或者位于政治家的主要生活地点，那么该公司具有政治关联。但事实上，位于同一个地区的不同企业之间政治关联具有很大差别。因此，仅仅以所处同一地理位置来对政治关联进行定义显得过于笼统和宽泛。

4. 以企业国有股比例作为政治关联的度量标准

该方法对于没有国有股的家族企业或国有股比例很低的企业，无法准确度量政治关联，因而在文献中较少使用，或者在应用中需同时结合其他度量指标进行稳健性检验。Adhikari et al.（2006）采用国有股比例来衡量企业的政治关联，Cheung et al.（2010）也以国有控股作为政治关联的代理变量。但该方法无法准确度量政治关联情况，在文献中很少使用。因为国有股比例低并不意味着企业就一定不具有政治关联。比如说，家族企业和民营企业很可能并没有国有股，但不见得就没有政治关联。另外，在诸如美国等高市场化国家中，企业的国有股比例通常也很低。

我国与西方国家的政治体制不同，新兴经济加转轨经济，是当前我国经济的重要特征，具有特殊的制度环境。我国企业主要通过以下五种渠道与政府建立政治联系：第一，企业高管进入政府部门任职（如进入中央或地方政府职能部门或部队等任职，也包括企业家进入工商联、青联、妇联等社团组织）；第二，担任各级人大代表或政协委员；第三，雇用前任政府官员到企业担任高管；第四，参与政党（如加入中国共产党或民主党派等）；第五，积极参与政府公益事业、捐赠。因此，我国学者往往围绕着以上五个方面对政治关联进行界定，目前前三种做法比较普遍，只不过界定的高管范围有所不同，具体界定见表 2－1 所示。

国内外学者的观点虽然不尽一致，但是，他们都试图揭示企业经营者与政府之间的这种不寻常的亲密关系，政府与企业之间关系的建立可以有很多途径，属于一种特殊的政企关系。

通过回顾国内外关于政治关联的定义，结合我国的实际情况，本书对政治关联的内涵主要从实际控制人、董事会成员及管理团队三个层面进行定义，认为只要有一人满足下列条件之一，该企业就具有政治关联：①现任或曾任全国、省市、区县人大代表；②现任或曾任全国、省市、区县政协委员；③现任或曾任县级以上政府官员。

表 2－1　　国内有关政治关联概念界定汇总表

代表学者	范围	担任职务
罗党论、黄琼宇（2008）；邓新明（2011）；贺小刚、张远飞、连燕玲等（2013）；杜勇、陈建英（2016）	企业实际控制人、董事会成员	现任或曾任人大代表、政协委员、政府部门官员
张会荣、张玉明（2013）	中小企业董事长、总经理、监事会主席、董事和监事	
Fan et al.（2007）；张雯、张胜和李百兴（2013）	企业董事长或总经理	
陈钊、陆铭和何俊志（2008）；余明桂、潘洪波（2008）；雷光勇、李书锋和王秀娟（2009）；刘慧龙、张敏、王亚平等（2010）；唐松、孙铮（2014）；张平、黄智文（2015）	企业董事长或总经理	现任或曾任人大代表、政协委员、政府部门或军队任职
吴文锋、吴冲锋和刘晓薇（2008）；李健、陈传明（2013）；李莉、高洪利、顾春霞等（2013）	民营企业董事长或总经理	现任或曾经在中央或地方各级政府或军队等其他部门任职
胡旭阳、史晋川（2008）	民营企业的创始人和所有者	担任人大代表或者政协委员
黄新建、李晓辉（2014）	民营企业董事长或总经理	
潘克勤（2009）	实际控制人	担任区县级及以上人大代表、政协委员、中国共产党各级党代表等职务
杜兴强、雷宇和郭剑花（2009）	公司高管	至少一人现或曾任党代表、人大代表、政协委员或在党委（含纪委）、政府、人大或政协常设机构、法院、检察院任职
余明桂、回雅甫和潘红波（2010）	总经理、董事长或董事	现任或曾任地方政府官员或共产党干部

续表

代表学者	范围	担任职务
李维安、邱艾超（2010）	实际控制人、董事长、CEO、监事会主席	现任或曾任具有影响力的官员包括全国人大代表、政协委员或在税务部门、监管部门、政府部门任处级以上职务
张多蕾、张盛勇（2013）	董事会、监事会和管理层	现任或曾任县级以上政府官员、中共党代会代表、人大代表、政协委员
高冰、王延章（2014）	董事长或总经理	
邓新明、叶珍（2015）	民营企业高管	现任或曾兼任人大、政协一定职务，获政府颁发的奖励，参与政府行业协会
刘星、蒋水全和付强（2015）	民营企业董事长或总经理	现任或曾任市级以上政府部门干部或市级以上人大代表、政协委员
许业坤、李维安（2016）	民营企业实际控制人、董事长或总经理	现任或曾任政府官员、人大代表、党代会代表、政协委员

资料来源：笔者整理。

2.4.2　政治关联的获取途径

目前，我国企业与政府之间建立关系时，主要包括三种途径：主动型的政治关联、被动型的政治关联及隐形的政治关联，其中主动型的政治关联以民营企业居多，被动型的政治关联以国有企业为主，隐形的政治关联主要是建立在私人社会关系的基础上的非正式、柔性关系。

1. 主动型的政治关联

主动型的政治关联是指企业处在市场化程度比较低或不成熟的法律环境下，主动与政府取得联系，目的是想从掌握大量优势资源的政府手中获得政策上的便利，这些便利主要包括融资便利、产权保护、政府补贴、行业准入、税收优惠以及优先获得某些资源的权利等。

许多新兴市场的发展中国家，在市场制度、法制环境及私有产权保护等方面建设还不完善，阻碍了私有企业的发展。在一些经济处于转型时期的国家中，政治及制度环境的不确定性给企业的发展带来较大的风险，而政府手中掌握着企业取得竞争优势所需要的重要资源，因此，政府能够帮助企业降低成本。Peng & Heath（1996）认为，当一个国家的经济处于转型时期，在诸多方面如制度、市场及政府管理能力等存在缺陷，这些缺陷限制了企业对内在成长战略和并购战略的选择，只能实施基于人际网络的成长战略，而政府是重要的参与主体。

民营企业建立政治关联大多数属于主动型的政治关联。罗党论、唐清泉（2009）把导致这一现象的原因归结为，我国经济处于转型时期，市场机制发育不完善，与政府之间建立的政治关系是民营企业发展过程中自发形成的一种替代性保护机制。我国民营企业主要通过以下几种渠道与政府建立政治联系：①民营企业高管进入政府部门任职（如进入中央或地方政府职能部门或部队等任职，也包括企业家进入工商联、青联、妇联等社团组织）。②民营企业家获取一定的政治身份，如各级人大代表或政协委员。由于各级人大代表或政协委员经常与政府部门或者银行的人员接触，民营企业家努力抓住这些机会，进一步与核心政治人物、经济人物之间建立稳定的关系。同时，担任人大代表或政协委员能够结识到更多的政府官员，更加靠近权力中心，从而为谋求企业利益和寻求保护提供机会（Li，Meng & Zhang，2006）。③参与政党（如加入中国共产党或民主党派等），以获取更多的话语权。民营企业家可以通过加入中国共产党获得一定的政治身份，通过加入民主党派，构建党派网络，企业家可以结交更多政府官员，从而为其获取政府手中的公共资源提供了机会。④雇用前任政府官员到企业担任高管。民营企业可以通过聘请一些曾经在政府任职的官员到企业担任高层管理者，或者进入董事会，也可以聘请辞去公职的官员到企业任职，民营企业充分利用这些高管在担任政府官员期间所积累的人脉关系，或者利用他们自身的一些重要资源，为民营企业的发展创造更多的商机。⑤积极参与政府公益事业、捐赠。

2. 被动型的政治关联

与主动型政治关联不同的是，被动型政治关联主要是企业由于所有制性质等原因与政府之间所形成的一种天然的关系。自从1978年实施改革开放至今，我国的国有企业进行了一系列改革和创新，由计划经济时期高度集中的体制，经过现代企业制度改革，转变成为自主经营、自负盈亏的法人实体。然而，虽然经历了重大变革，国有企业与政府间的关系并未完全割裂开。由于政府与国有控股企业存在着天然的“血缘关系”（柳华平，2005），为了确保一些大型的、关系着国计民生的国有企业的最终控制权掌握在政府手中，对于这些企业的董事长、总经理等高层管理者，政府实行人事委派制，大部分直接从政府机关人员调任，因此，政府作为最终控制人与国有企业具备了天然的政治关联。

3. 隐形的政治关联

我们通常研究的政治关联往往是建立在正式制度或者法律的基础上，企业家通过成为各级人大代表、政协委员获取一定的政治身份，或者通过政府参股、控股从而形成比较稳定的制度性的关系。但是，在现实生活中却发现，企业与政府之间往往存在一些非正式的关系，这些关系建立在私人社会关系的基础上，是一种非正式的隐形的关系。相比显性的政治关联，这种隐形的政治关系主要通过下列途径构建：第一，企业的实际控制人、董事会成员或者高管与政府官员具有一定的血缘关系或者是具有同学、战友、校友等各种友谊关系，而且这种关系与正式的政治关联相比很难发现，具有一定的隐蔽性；第二，企业聘请一些在政界具有一定影响力的现任或前任政府官员担任顾问，利用顾问的社会关系网络为企业与政府之间搭建政治关联的平台，形成隐形的政治关联。隐形的政治关联使企业的政治关联渠道得到了扩展，但在一定程度上具有较大的私密性，大部分企业都不会将其公开，数据收集难度较大。因此，目前的文献并没有把隐形的政治关联对于企业的作用考虑进去，而且，这种隐形的政治关联在法律上和制度上得不到有效保护，稳定性相对较差。

因此，本书在对企业政治关联进行界定时，主要研究显性的政治关联，对于隐形的政治关联由于其隐蔽性，在获取过程中具有一定难度，因此，本书不予研究。

2.4.3 政治关联的度量方法

目前，研究政治关联度量的方法还不是十分完善，本书通过对以往文献进行梳理，发现对政治关联度量主要采用以下几种方法。

1. 虚拟变量法

目前，关于政治关联度量方法的研究中，最常用的方法就是虚拟变量法。Faccio（2006）指出，如果一个企业实际控制者或者控股者，与某一执政党或政府部门保持密切关系，那么就认定该企业具有政治关联，变量赋值1，否则无政治关联，赋值0。吴文锋、吴冲锋和刘晓薇（2008）、李健和陈传明（2013）研究认为，公司的董事长或者总经理，曾经在各级政府部门或军队等部门任职，赋值为1，没有在任何政府部门任过职，赋值为0，并且进一步区分为具有地方政府政治背景和中央政府政治背景。邓建平、曾勇（2009）认为，实际控制者具有人大代表或政协委员资格（县、市、省和全国）、具有曾经或现在政府工作背景，取值1，否则取值0。国内外很多学者采用此方法（李津津、余红心，2016；许业坤、李维安，2016；杜勇、陈建英，2016；杨星、田高良、司毅等，2016；于蔚，2016），具有普遍性，区别主要体现在界定的范围有所不同。

2. 董事比例法

也有一些学者对政治关联采用具有政治背景的董事比例来度量。陈冬华(2003)、Fan et al.（2007)、黄新建和李晓辉（2014）通过计算董事会中具有政府背景的成员的比例来对政治关联进行衡量。罗党论、黄琼宇（2008）认为，可以采用三项指标：第一项为董事长的政治背景，第二项为董事会政治背景，第三项为有政治背景的董事比例。可看作虚拟变量的是第一项和第二项，如果董事长有政治背景，那么第一项指标数是1，如果无政治背景，则是0；如果董事长有政治背景加之有政治背景的董事人数大于2时，第二项指标数是1，如果不符合，则是0。罗党论和刘晓龙（2009)、李莉和高洪利、顾春霞等（2013）用董事会有政治背景的董事（包括董事长、执行董事以及独立董事）比例来刻画民营上市公司的政治关系。邓建平、曾勇（2009）对政治关联程度采用公司高层领导中具有人大代表或政协委员资格（县、市、省和全国)、具有曾（现）在政府工作背景的高管占公司高管总和的比例进行界定。

3. 层级划分法

随着研究的进一步深入，学者们发现，前两种方法具有简单明了的优点，但仅简单地判定企业是否具有政治关联，却不能对企业政治关联的程度进行度量。因此，一些研究者对政治关联的强度采用层级划分法进行测度。

胡旭阳（2006）按照民营企业实际控制人担任人大代表、政协委员的等级由高到低依次赋值，分别是全国人大代表或政协委员赋值为5，省级赋值为4，市级赋值为3，县级赋值为2，区级赋值为1，无上述政治身份赋值为0；并且，认为拥有不同等级的政治身份之间的差异，并不是表现为线性递增而是几何级数递增，因此将打分后的值进行平方作为政治联系的度量。胡旭阳、史晋川（2008）也利用同样的方法，对民营企业主要创始人和所有者拥有的人大代表或政协委员的身份进行赋值，级别越高，分值越大，最后将分值进行加总，分值的大小反映拥有政治资源的差异程度。邓建平、曾勇（2009）同样采用类似的方法，只不过取值范围为（4，0)，实际控制者是全国人大代表（或全国政协委员）取值4、省级取值3、市级取值2、县级取值1、不是以上几种情况取值0。杜兴强、雷宇和郭剑花（2009）将政治关联分为政府官员类与代表委员类，综合考察高管曾任职位的级别和所任职的单位级别，对代表委员类赋值范围从高到低为（5，1)，最终取所有高管中的最大值作为代表委员类政治关联的程度；而政府官员类相对比较复杂，需同时考虑个人职务的高低和所在单位的级别，赋值范围从高到低为（9，0），然后将个人级别与单位级别相乘积，取所有乘积的最大值作为政府官员类政治关联的程度。梁莱歆、冯延超（2010）分别构建公司实际控制人和董事会其他成员（除去独立董事）政治关联指数，政治身份如果为政协委员或人大代表，按照等级分别为全国赋值5、省赋值4、市赋值3、县赋值2；政治身份如果为政府官员，按照等级分别为省部级以上赋值5、地厅级赋值4、县处级赋值3、科局级赋值2、政府重要部门赋值1，无政府工作经历赋值0，最后将实际控制人政治关联指数和董事会其他成员政治关联指数进行简单相加，得到公司总的政治关联指数。张平、黄智文（2015）的做法与胡旭阳类似，也是采用五个等级，只是衡量的标准为曾任或现任人大代表、政协委员、政府官员。

4. 多维度量法

Li & Zhang（2007）以我国企业作为研究对象，利用问卷调查的方法获取企业政治关联的数据，实证分析政治关联对于企业绩效的作用。他们指出企业高管构建的政治网络是获取政治关联的主要途径，高管政治网络主要包括以下四个方面：第一，高管投入大量的时间、精力培养与政府官员间的私人关系；第二，与国有银行的高管发展良好的关系；第三，为了维持与政府官员之间的关系投入大量的资源；第四，为了与政府高级官员建立关系而投入大量资源。我国学者巫景飞、何大军、林暐等（2008）在研究企业多元化经营与企业高层管理者政治网络时，从社会资本的角度，对情报学中内容分析法进行了充分借鉴，将公司高层管理者简历逐一进行编码，编码的方法为中央政府网络、地方政府网络和党派网络三个角度，符合规定编码是1，不符合规定编码是0，之后把编码的分值汇总相加，从而归纳为企业的高层管理者的政治网络分值。杨东进、邓吉（2013）以企业性质、领导人（前）官员身份、领导人的人大或政协背景、控股公司性质、控股公司领导人（前）官员身份、控股公司领导人的人大或政协背景等6个变量作为政治关联的操作变量，并用6点李克特式量表法来衡量指标，并利用主成分分析法确定6个变量的权重，得出政治关联度。叶文平、邝先慧（2014）探讨企业家政治关联、战略网络与创新绩效三者间的关系时，分别从纵向维度、横向维度和时间累积三个维度对政治关联进行度量，进一步将纵向维度细分为10个等级，横向维度细分为6个等级，时间累积细分为5个等级，并对三个维度赋予权重为4、3、3，根据公式计算出企业的政治关联程度。

5. 指数模型法

王庆文、吴世农（2008）通过构建政治影响力指数从程度上对政治关联进行了量化，具体做法主要是按照年末时公司总经理、董事长和董事会成员在政府部门任职的级别进行赋值，按照从低到高的顺序分别为：无政府工作经历赋值0，副科级以下赋值1，副科级赋值2，正科级赋值3，副处级赋值4，正处级赋值5，更高级别的依次类推，然后根据公式计算得出政治影响力指数，并且，根据政治关联高管的最高行政级别的任职部门将政治影响力指数区分为中央政府政治影响力指数和地方政府政治影响力指数。李维安、邱艾超（2010）依据治理层级的系统性原理，参考CCGINK[①]公司治理方式，重点考察了企业的董事长及监事会、董事会、经理层等，从而得出PC指数（国内民营公司政治关联的综合指数），唐雨虹、杨玉坤（2016）借鉴此方法也构建了政治关联指数。张多蕾、张盛勇（2013）指出，政治关联的本质特征的三重性即是层级性、规模性及时效性，由其本质特征总结出公司政治关联的相关指标体系，从而对各指标进行权重赋值，借助层次分析法和yaahp V0.5.3软件系统构建新型政治关联指数模型。张会荣、张玉明（2013）借鉴梁莱歆、冯延超（2010）的做法，先将企业关键人物按照行政级别从高到低赋值范围定为（6，1），然后按照所处董事长、总经理、监事会主席、董事和监事4个管理级别分赋值范围为（4，1），最后按照公式计算政治关联指数的大小。

本书认为，第一种方法仅仅判断企业是否存在政治关联，非此即彼，难以区别政治关联的差异程度。第二种方法虽然用指标来进行衡量，将政治关联程度进行了量化处理，但是该方法也具有一定的局限性，仅考虑了具有政治关联的董事会成员和总经理，并且不同的董事会成员政治关联的程度也不尽相同。第三种方法对前两种方法的缺点进行了弥补，但在赋值过程中具有较强的主观性。第四种方法从不同维度对高管的政治关联进行度量，实际上拥有中央政府网络和地方政府网络的高管所具有的政治关联程度明显不同，但是在赋值过程中均赋值1，存在一定的不足。第五种方法通过构建指标体系来对政治关联的强度进行度量，是学者们探讨的未来方向，但不容忽视的是，在构建指标体系时具有一定的主观性，所运用的分析方法——层次分析法本身也是一种主观赋值的方法，因此，整个指数模型具有主观性。就目前学术界来看，第一种方法和第三种方法是学者们在衡量政治关联时普遍采用的方法。也有许多学者在研究过程中，将虚拟变量法与其他几种方法结合起来使用，既衡量企业是否具有政治关联，又同时衡量政治关联程度。

根据已有文献，本书借鉴江若尘、莫材有和徐庆（2013）的做法，将政治关联从广度和深度两个维度进行界定。政治关联广度参照上文所介绍的董事比例法，用企业中具有政治关联的高管人数占高管总人数的比例来衡量；

---

① 中国上市公司治理指数，简称南开治理指数CCGINK。

政治关联深度参照层级划分法，将所有具有政治关联的高管按照职务等级进行赋值，并将所有高管的得分进行加和，这里需要强调的是本书对于高管成员的界定范围主要包括三个层面：公司实际控制人、董事和高级管理人员（具体有总经理/总裁、副总经理/副总裁、财务总监/财务负责人、法定代表人和董事会秘书），而且这些高管人员至少担任县级以上的政府官员或者县级以上的人大代表、政协委员，才被认为是一种有效的政治关联（见表2-2）。

表2-2　关于政治关联度量方法的归纳

度量方法	代表文献
虚拟变量法	Faccio（2006）；吴文锋、吴冲锋和刘晓薇（2008）；邓建平、曾勇（2009）；许业坤、李维安（2016）；杜勇、陈建英（2016）；李津津、余红心（2016）；杨星、田高良、司毅等（2016）
董事比例法	陈冬华（2003）；Fan et al.（2007）；罗党论、黄琼宇（2008）；罗党论、刘晓龙（2009）；邓建平、曾勇（2009）；江若尘、莫材有和徐庆（2013）；李莉、高洪利、顾春霞等（2013）
层级划分法	胡旭阳（2006）；胡旭阳、史晋川（2008）；邓建平、曾勇（2009）；杜兴强、雷宇和郭剑花（2009）；梁莱歆、冯延超（2010）；江若尘、莫材有和徐庆（2013）
多维度量法	Haiyang Li & Yan Zhang（2007）；巫景飞、何大军、林暐等（2008）；杨东进、邓吉（2013）；叶文平、邝先慧（2014）
指数模型法	王庆文、吴世农（2008）；李维安、邱艾超（2010）；张多蕾、张盛勇（2013）；张会荣、张玉明（2013）；唐雨虹、杨玉坤（2016）

资料来源：笔者整理。

2.5 多元化经营、政治关联与企业绩效研究综述

2.5.1　多元化经营与企业绩效

1. 行业多元化经营与企业绩效

国内外学者一直在研究行业多元化经营与企业绩效的关系，但到现在还未有统一的定论。目前主要形成以下四种结论：行业多元化溢价、行业多元化折价、行业多元化中性和行业多元化倒U形曲线。

（1）行业多元化溢价。很多学者研究发现，行业多元化经营对企业绩效存在正向影响，即行业多元化经营能提高企业绩效，产生多元化溢价。国外学者 Arter（1977）、Stulz（1990）、Hadlock et al.（2001）、Graham et al.

(2002)、Campa et al.（2002）、Mayer（2003）研究均发现，公司多元化程度越高，绩效越好，行业多元化经营能提升企业价值。学者们在对转轨经济体的研究中发现，实施行业多元化经营的企业通常具有较好的绩效。Khanna & Palepu（1997）通过对印度和墨西哥等转轨经济体中企业多元化经营与绩效之间的关系研究发现，由于市场发育程度较低，企业进行多元化经营能增加企业价值。Khanna & Palepu（2000）以印度公司为对象研究表明，多元化能有效提高公司的绩效，并且，在市场经济不发达国家，实施多元化经营的公司由于建立有效的内部资本市场获得益处。Claessens et al.（2000）对亚洲9个国家和地区的企业进行研究发现，样本国家企业的多元化绩效与美国等发达国家存在差异，9个国家中仅有日本与美国一样，企业绩效与行业数呈负相关，但下降程度也比美国小，新加坡、中国台湾省和印度尼西亚的企业存在多元化折价，而其他5个国家却没有发现多元化折价现象。国内学者苏冬蔚(2005)、姜付秀和刘志彪、陆正飞（2006）同样证明我国上市公司的多元化经营能提升企业价值。

（2）行业多元化折价。也有学者研究表明，行业多元化经营对企业绩效存在负向影响，即行业多元化经营降低企业绩效，损害企业价值，产生多元化折价。国外学者 Amihud & Lev（1981）、Palepu（1985）、Linsa & Servas(1999)、Li et al.（2005）、Manohar et al.（2007）、Yoshitaka & Ushijima(2007）都得出多元化降低企业绩效的结论。国内学者李玲和赵瑜纲（1998）研究发现，样本公司的多元化程度与企业价值负相关。洪道麟和熊德华(2006)、魏锋（2007)、韩忠雪和王益锋（2007)、艾健明和柯大钢（2007)、林晓辉和吴世农（2008）等都得出类似的结论。

（3）行业多元化中性。还有学者发现两者之间并不存在关系，如 Gort(1962）最早运用计量方法对多元化进行研究发现，企业多元化与盈利能力两者不存在显著性关系；Amonld（1969)、Lamont & Polk（1999)、Mansi & Reeb（2002）也有相似的结论。刘力（1997）通过对样本公司研究发现，多元化程度与资产收益率、资产负债率之间不存在显著性关系。尹义省(1998)、金晓斌和陈代云（2002）等也都认为多元化本身是中性的。

（4）行业多元化倒U形曲线。Grant，Jammine & Thomas（1988）以1972—1984年间的305家英国企业为样本，分析结果表明，企业绩效与业务数目在一定界限内存在正向关系，一旦超出此界限，两者呈负向关系。Ram'irez（2002）以1992—1995年间西班牙大型公司为样本，研究发现多元化程度与绩效间为倒U形关系，即多元化水平为中等的公司绩效最佳，多元化水平高或低的公司绩效都较差。Narasimhan & Kim（2002）通过对244家韩国企业和379家日本企业进行研究，发现产品多元化与财务绩效呈倒U形关系。韦小柯（2007）以华东地区的浙江、江苏、上海、山东四省市的186家中小企业为对象，采用问卷的形式进行研究，分析结果表明多元化水平与绩效间存在倒U形关系。郑华、韦小柯（2008）以2003—2005年间浙江、江苏、上海、山东四省市256家多元化企业为对象，通过问卷调查进行实证研究，结果表明多元化经营与企业绩效间存在倒U形关系，当在一定区间内，多元化经营对于企业绩效起到提升作用，一旦超出区间，多元化对企业绩效具有降低作用。

2. 地域多元化经营与企业绩效

在理论界，对多元化经营进行研究时，大量的文献以行业多元化为研究对象，探讨其与企业绩效之间的关系，而较少关注地域多元化经营，即使研究地域多元化，往往将研究的重点放在国际化，忽略了一国内部不同层次的地域多元化问题。目前，对于地域多元化与企业绩效之间的关系，也没有形成定论，国内外学者也没有达成一致。通过文献回归，得出以下三种结论：地域多元化溢价、地域多元化折价和地域多元化倒U形曲线。

（1）地域多元化溢价。许多学者在研究地域多元化经营与企业绩效作用时发现，地域多元化经营能提高企业绩效，增加企业价值，产生多元化溢价。实际上，企业实施地域多元化经营，可以将各地区之间的关系更加充分利用起来，各单元之间可以充分分享企业独特的能力及核心竞争力，并且充分利用市场之间的差异。Rugman（1981）认为，进行跨地域扩张可以充分利用企业内部化的优势，能够给企业带来利益。Errunza & Senbet（1984）实证研究表明，企业价值与地域多元化程度呈正比。Kogut（1985）提出，企业进行跨地域扩张能够带来规模、范围及学习经济性。Grant（1987）以英国制造企业为样本进行研究，实证结果表明企业地域扩张程度与绩效之间具有正线性相关关系。Morck & Yeung（1991）研究发现，企业跨国地域多元化程度与公司价值之间正相关。Tallman & Li（1996）提出，企业进行地域多元化经营能够分散风险，提供更大范围的顾客群，进而获得范围经济性，从而提高业务多元化企业的绩效。Bodnar & Weintrop（1997）实证结果也证明，进行跨国地域多元化的公司同没有跨国经营的公司相比，拥有更多的成长机会。Doukas & Lang（2003）研究结果表明，如果是在核心业务的基础上实行地域多元化能增加股东价值，且提高企业长期绩效；但是如果是在非核心业务的基础上实行地域多元化，不会增加企业的长期绩效与短期绩效。

国内学者汪建成（2008）研究指出，不同的地区在基础设施、分销渠道及营销等方面具有相同点，并且，技术对于不同地区的经营活动具有整合作用。地域多元化程度越高的企业，越有机会平衡、协调一些战略性资源来实现跨市场、跨地区的范围经济性，达到分散市场风险的目的，最终提高企业绩效。张平（2011）以2007年沪深两市的108家生物制药公司作为研究对象，实证分析表明地域多元化程度对企业绩效具有显著正向影响。杨京京（2012）以2004—2009年的实际控制人为自然人的民营上市公司为样本，实证结果表明地域多元化程度对企业长期成长性具有显著正向影响。

（2）地域多元化折价。在研究地域多元化经营与企业绩效之间关系时，也有文献表明两者之间存在负向关系，即地域多元化经营降低企业绩效，损害企业价值，产生多元化折价。不同地区之间制度与文化存在的差异性成为企业在不同地区间转移竞争优势的重要障碍。Porter & Millar（1985）认为，地域多元化可能会制约企业在某一特定细分市场、地区或者行业内进行更加精细化的经营。Jones & Hill（1988）认为，企业进行地域多元化使企业的运营成本（包括协同成本、销售成本、管理成本）增加，也使企业管理控制的难度加大。地区之间存在差异，增加了跨地区经营的协调成本，使地域多元化经营的范围经济性带来的潜在收益降低了。Denis（1997）研究证明跨国地域多元化降低了18%的股东价值。

国内学者汪建成、毛蕴诗（2006）在研究地域多元化与企业绩效之间的关系时，以2001年之前上市的704家公司为样本，实证结果显示地域多元化程度与绩效呈显著负相关，即随着地域多元化程度的提高，企业绩效随之降低。汪建成（2008）同样选取2001年之前上市的704家公司作为样本进行研究，实证结果表明企业的跨省扩张程度对企业的盈利能力具有显著负向影响，但对企业的成长性具有显著正向影响。另外，跨国扩张对企业盈利的负向影响程度大于跨省扩张，且对企业的成长性无显著影响。杨京京（2012）以2004—2009年的实际控制人为自然人的民营上市公司为样本，实证发现地域多元化程度对短期绩效具有显著性负向作用。

（3）地域多元化倒U形曲线。Gomes & Ramaswamy（1999）以美国95家企业为样本，研究结果显示跨地域扩张与绩效之间呈倒U形关系。Capar & Kotabe（2003）以服务业企业为样本的实证研究也验证了这种关系。

2.5.2　多元化经营、政治关联与企业绩效

在考察多元化的经济后果方面，现有的文献很少考虑企业的政治关联在其中所起的作用，目前，仅有部分学者开始研究其对企业多元化经营带来的影响。如有学者通过对韩国和印度的企业进行研究发现，来自政府政策方面、授权方面的支持，甚至政府的直接投资，是企业进行多元化扩张的主要因素。Khannan & Palepu（1999）指出，当企业处在外部市场制度环境不完善的条件

下，采取多元化经营能够有效解决外部市场失灵问题。Moses Acquaah（2007）研究企业的社会资本对企业绩效的影响，以非洲新兴经济体加纳的企业为样本，并且用企业经理所建立的社会关系网络来衡量社会资本，结果表明如果企业在低成本战略、差异化战略及全面战略三种战略中，选择不同的战略，那么企业高管的社会关系网络对企业绩效的影响就会有所不同。我国学者巫景飞、何大军和林暐（2008）、胡旭阳和史晋川（2008）、张敏和黄继承（2009）、谢佩洪（2011），也有这方面的研究，但是这些学者的研究更多地关注政治关联如何影响多元化经营，并没有将多元化经营、政治关联与企业绩效三者放入同一研究框架。随着研究的深入，学者们尝试从不同的视角探讨三者之间的关系，主要包括三个方面：调节视角、中介视角及其他视角。

1. 调节视角

调节视角主要认为政治关联在多元化经营与企业绩效间具有一定的调节作用，基本模型见图 2－2 所示。不同的学者在基本模型的基础上，探讨了政治关联的调节作用，绝大多数学者通过实证分析证明了政治关联在两者间的调节作用。

图 2－2　政治关联的调节作用

罗党论、刘晓龙（2009）研究政治关系、进入壁垒与企业绩效三者之间的关系，以 2004—2006 年我国民营上市公司为样本，实证结果证明与政府关系越好，民营企业越容易进入高壁垒行业，多元化水平越高，并且进入高壁垒行业的程度越深，企业绩效越好。

薛有志、张鲁彬和李国栋（2010）实证研究我国民营企业多元化经营、政治资源与公司绩效三者之间的关系，结果显示，政治资源在多元化经营与绩效间具有正向调节作用。转型时期，民营企业拥有的政治资源及采取的政治策略有利于改善多元化经营实施的外部环境，提高多元化经营的业绩，并进一步研究发现，行业特征、政府干预程度在很大程度上影响政治资源的调节作用。

邓新明（2011）研究政治关联、多元化经营对企业绩效的共同作用，并且以 2002—2005 年沪深两市的民营企业为样本，实证结果显示政治关联对多元化经营（相关多元化经营与非相关多元化经营）与企业绩效（短期绩效与长期绩效）均具有调节效应，对短期绩效具有正向调节作用，即企业的会计绩效获得提高；但是，对于非相关多元化经营与企业长期绩效却具有负向调节效应，即损害企业的市场价值。

李莉、高洪利和顾春霞（2013）研究政治关联、行业进入选择与绩效间的关系，并且以2005—2010沪深两市民营上市公司为样本，实证结果发现，短期内政治关联对民营企业进入政府鼓励性行业与绩效之间的关系具有负向调节作用。但是，对于政府鼓励性行业的前景，市场还是比较乐观，对企业的长期绩效也有正向的预期。政治关联可以使民营企业在原行业内获得一定的市场资源，也可以获得进入鼓励性行业的新资源，企业可以在两个或多个行业间进行优势互补，较容易地实现多元化经营目标。

游家兴、邹雨菲（2014）以2005—2010年沪深两市民营上市公司为样本，研究社会资本、多元化经营与公司业绩间的关系，其中企业家社会资本评价指标体系中包括企业家的政治身份、其他身份（非商业协会任领导职务）、荣誉称号（如劳动模范、先进个人等）和荣誉嘉奖（政府表彰或嘉奖）等，实证结果表明，企业家拥有的社会资本不仅对多元化经营起到促进作用，而且社会资本在两者间发挥正向调节效应，企业家社会资本能显著降低多元化对公司业绩的消极作用。

郑建明、刘琳和刘一凡（2014）研究董事长和总经理的政治关联对多元化及公司价值的作用路径，并且以2006—2010年我国A股上市公司为样本实证分析，结果表明，与国有企业相比，非国有企业的政治关联更能促进多元化行为。而且，当企业主动构建政治关联并利用其进入高壁垒行业实施多元化时，政治关联对多元化与企业绩效之间的正向关系具有积极的调节效应，即政治关联能显著地提升多元化企业的公司价值。并且进一步证明，对于进入高壁垒的企业，与总经理政治关联相比较，董事长政治关联会显著增强多元化溢价。

夏宁、王元芳（2015）研究政治关联、多元化与绩效三者关系，并且以2006—2013年我国50家农业上市公司为样本，实证结果显示政治关联对于多元化经营与绩效的负向关系具有抑制作用，也就是说，拥有政治关联的农业企业，多元化经营的程度越大，其经营绩效越能得到改善。

2. 中介视角

学者们不仅关注政治关联的调节作用，同时也关注多元化经营在政治关联与企业绩效之间如何发挥中介作用，基本模型见图2－3所示。在对中介效应进行探讨时，学者不仅关注政治关联对企业绩效的直接作用，更感兴趣的是政治关联如何通过多元化经营作为中介，对企业绩效产生影响，深层次挖掘政治关联对企业绩效的作用机制。

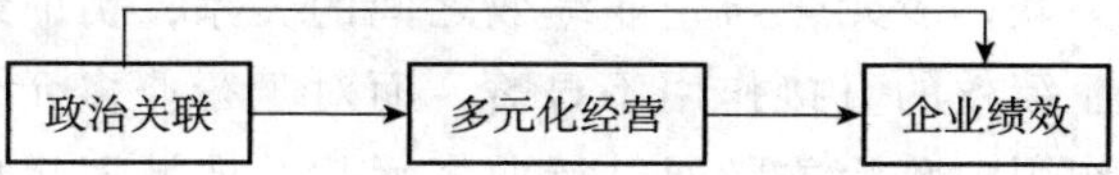

图 2－3　多元化经营的中介作用

孙晶（2012）研究政治关联、多元化战略与企业成长性三者之间的关系，利用案例研究法和实证分析法进行分析，得出政治关联不仅直接作用企业成长性，并且通过多元化战略产生间接作用。

王珍义、叶茂升和李元霞等（2013）基于多元化经营中介的视角，研究政治关联、多元化与企业价值之间的关系，以 2008—2010 年沪深两市的纺织上市公司为样本，采用 Baron & Kenny“三步曲”[①] 验证多元化的中介效应，实证结果显示，多元化投资在政治关联与企业价值间发挥部分中介效应，政治关联使企业获得多元化经营所需资金，并提供进入相关行业的机会，同时增强了风险抵御能力，提升企业竞争优势，最终带来价值的提高。

宋夏云、彭兰（2015）以浙江省 2009—2011 年沪深两市的民营上市公司为样本，通过建立 PCDSEP 概念模型分析政治关联、多元化经营与企业绩效之间的关系，实证结果显示，政治关联不仅对企业绩效具有直接的积极作用，并且通过多元化经营的部分中介效应间接影响企业绩效，即民营企业利用所建立的政治关系获得的各种资源优势，必须通过多元化经营的选择与实施，才能将这些资源有效地配置，最终使绩效获得提升。

3. 其他视角

政治关联、多元化经营与绩效三者之间，除了调节作用、中介作用之外，学者们在探讨时还存在另外一种观点，即政治关联与多元化经营两者共同作用于企业绩效，政治关联同时影响多元化经营，并且仅是简单论述政治关联对企业绩效影响，并没有证明多元化经营的中介作用，基本的模型见图 2－4 所示。

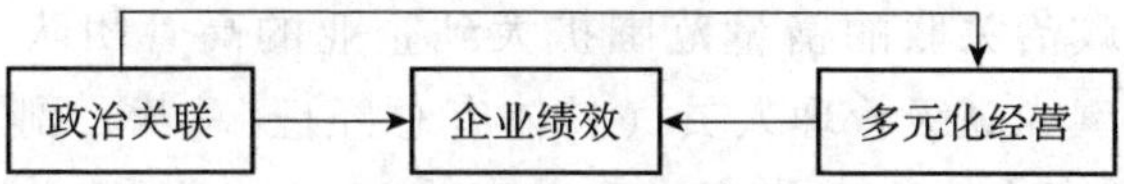

2－4　政治关联与多元化经营共同作用于企业绩效

① Baron & Kenny“三步曲”是目前最常用，也是最传统的检验中介变量的方法，第一步，自变量影响因变量；第二步，自变量影响中介变量；第三步，控制中介变量后，自变量对因变量的作用消失了，或是明显地减少了。

杨东进、邓吉（2013）选择2010—2012年沪深两市的房地产上市公司为样本，研究政治关联、多元化与企业绩效之间的关系，实证结果显示政治关联对于房地产企业绩效的直接作用不显著，而对于行业多元化、地域多元化却具有显著促进作用，政治关联通过行业多元化、地域多元化间接影响企业绩效，但是，并没有证明多元化经营的中介效应。

施少斌、陈玉罡（2015）建立ILCP[①]模型，分析在一定的制度环境下，国有企业领导人任免方式、从政背景通过多元化经营方式间接影响企业绩效，实证结果证明，领导人具有从政背景的国有企业更易于实施政府参与型的多元化经营，而且短期内政府参与型国有企业的绩效要好于实施市场型多元化的企业。但是，没有明确证明多元化经营的中介效应。

2.6 文献述评

（1）现有的研究仅以单一指标作为绩效的评定标准，忽略了企业的长期成长性。本书将企业的绩效分为短期绩效和长期成长性两个方面，并且借助主成分分析法，采用多指标法来衡量企业短期绩效和长期成长性，这样能够更加全面地反映企业的绩效。

（2）现有文献关于多元化经营与企业绩效之间关系的研究，更多地将关注点放在行业多元化上，缺乏对国内地域多元化的研究。即使学者关注地域多元化，也都将地域多元化理解为国际化，针对我国情境下企业国内地域多元化与绩效之间的关系的研究仍然十分少见。我国的地理区域非常广阔，国内市场具有巨大的发展潜力，因此，民营企业进行地域多元化经营，对于提升企业的竞争力，最终实现做大做强，具有重要的意义。

（3）在对政治关联的衡量上，研究者更多地将重点放在董事长和总经理两个关键人物上，往往忽略了高管团队中其他成员的重要性。本书在前人研究的基础上，将政治关联的衡量范围扩大到企业的高管团队，主要包括公司实际控制人、董事、高级管理人员（具体有总经理/总裁、副总经理/副总裁、财务总监/财务负责人、法定代表人和董事会秘书）。而且，目前对于政治关联的衡量普遍采用虚拟变量法、董事比例法、层级划分法、多维度量法和指数模型法，这几种方法各有利弊，本书基于董事比例法和层级划分法，将政

① ILCP模型中的I代表制度背景Institution、L代表领导人政治关联Leader、C代表多元化战略方式Construction和P代表绩效分析Performance。

治关联分为广度和深度两个维度，广度从数量上衡量，深度从质量上衡量。江若尘、莫材有和徐庆（2013）发现政治关联的广度和深度对于企业跨地区并购数量的影响方向和影响程度有所不同。姜鹏飞（2015）研究表明，政治关联广度对企业绩效具有显著性负向影响，而深度却存在显著性正向影响。杜勇、陈建英（2016）研究也发现，政治关联的广度与深度对亏损企业慈善捐赠的作用存在差异。因此，本书将政治关联从广度和深度两个维度进行划分，能够更加全面地、系统地衡量民营企业政治关联的实际情况。

（4）对于多元化经营、政治关联与企业绩效三者之间的关系，以往的研究主要从资源基础理论和制度基础理论两个方面分别展开讨论，并没有将两者有效地结合。本书以资源基础理论为基础，结合制度基础理论和政府干预理论，将民营企业多元化经营、政治关联和企业绩效整合在一个框架内，分析多元化经营对企业绩效的影响，重点探讨政治关联如何在两者之间发挥调节作用。

2.7 本章小结

本章主要梳理了以往的研究文献，首先，对民营企业相关研究进行论述，包括民营企业概念的界定，民营企业政治关联的特征以及政治关联对民营企业发展的作用。其次，回顾了多元化经营方面的研究，包括多元化经营的概念、维度，分别从行业多元化和地域多元化方面论述了多元化的动因。再次，对企业绩效的相关研究展开综述，主要包括企业绩效的内涵和测度。然后，主要从政治关联的概念、获取途径和度量方法三个方面对政治关联相关研究进行阐述；在此基础上重点对多元化经营、政治关联与企业绩效之间的关系展开研究，主要从调节视角、中介视角和其他视角方面分析。最后，指出了当前研究中存在的不足，明确未来的研究方面。本章为第3章理论模型的构建奠定了坚实的理论基础。

第3章 理论模型的构建

在第2章文献综述的基础上，本章基于资源基础理论，结合制度基础理论和政府干预理论，探讨多元化经营如何影响企业绩效，政治关联如何在多元化经营与企业绩效之间发挥调节作用，更加深入研究政治关联对民营企业多元化绩效的影响机制，并且提出了具体的研究假设，得出了更加细化的研究模型。

3.1 理论基础

3.1.1 资源基础理论

1984年，资源基础观由美国学者Wernerfelt较为系统地提出。其实在更早的1959年，美国学者Penrose已经用资源基础理论来解释多元化经营行为，她指出，企业实质上就是资源的集合体，企业在经营过程中，总有部分资源未得到充分利用，而这部分资源在多元化经营中得以在不同行业间进行转移，使企业的资源得到最优配置，获得充分利用，最终实现规模扩大，使经营效率进一步提高。同年在所著《企业成长理论》一书中，Penrose中提出多元化是企业在发展过程中进行扩张的一种必然现象，同时，强调多元化经营的两个必要的条件是企业所面临的外部竞争压力和内部资源没有得到充分利用。后来的学者对Penrose的观点进行了补充，Teece（1980）指出Penrose所提出的多元化经营有效实施是需要一定的前提条件的，即并不是所有的没有被充分利用的剩余资源都能提高企业价值，资源的选择需要具备一定的条件。宋海旭（2013）提出，对于企业的剩余资源能否被企业所用，成为实施多元化经营的有效资源的前提条件是剩余资源需要具有竞争优势，资源的竞争优势主要体现在五个方面：第一，资源难以被模仿性；第二，资源的持续存在性；第三，资源的高占用性；第四，资源难以被替代性；第五，资源具有优越性。剩余资源经过上述评估具有竞争优势后，才能实现资源利用的最大化、企业价值的最大化。1991年，Grant进一步将资源基础观提升到了资源基础理论。Matsusaka（2001）基于动态的视角构建了多元化模型，提出企业所具有的组织能力，特别是中高层管理者具备的经营管理能力，对于企业经营的多种产品均有效。只有当企业现有的组织能力与业务达到有效匹配，企业的经营效率才会达到最大，为了寻求与企业组织能力相匹配的业务，企业需要不断摸索，进入新的行业，退出不能有效匹配的旧行业，由此产生多元化经营。

实际上，资源基础理论是管理学特有的理论，组织的所有的经营活动都建立在所处的外部环境和拥有的内部资源的基础之上。资源基础理论认为：企业从事经济活动，制定生产经营战略，要建立在企业内部所拥有或所控制的资源基础之上，充分尊重和利用企业的内部资源，使企业资源充分发挥作用。企业拥有什么，决定企业该做什么、能做什么。该理论将企业的资源分为两大类，即有形资源和无形资源。有形资源主要包括剩余生产能力、营销、服务、技术与创新体系等；无形资源主要包括商标、企业商誉和管理技能、组织的学习能力、建立外部网络联系的能力等等。资源基础理论的核心主要体现在，企业获取竞争优势（用产品市场上获取超过正常平均的收益来衡量）的源泉是企业所控制的战略性资源（Wernerfelt，1984）。同时，资源基础理论指出，异质资源与能力是企业获得竞争优势的源泉。

3.1.2 制度基础理论

对于制度的定义，Commons在《制度经济学》中提到，制度就是“集体行动对个体行动的控制”。通俗地说，制度是指一组规则，是在一定社会范围内每个人都必须遵守的行为准则或规范。早期的学者，将制度与组织混为一谈，North将两者区分开来。在为《新制度经济学前沿》撰写的序言中，North指出：“制度是社会的博弈规则，并且会提供特定的激励框架，从而形成各种经济、政治、社会组织。”他认为，制度是社会的博弈规则，组织则是博弈的参与者，企业是一种组织形式，因此，它也是整个社会博弈的参与者，那么企业就会遵守一系列的规则，与政府之间建立政治关联这一特殊的政企关系，就被视为其中的一种博弈规则。按照North的定义，企业建立的政治关联本质上就是一种制度。

North 第一次将制度环境与制度安排进行了区分，认为制度环境是“一系列用来建立生产、交换与分配基础的基本政治、社会和法律基础规则”，制度安排是“支配经济单位之间可能合作与竞争方式的一种安排”。制度环境具有外生性，而制度安排具有内生性，也就是通常所定义的“制度”。并且将制度安排分为正式制度与非正式制度。正式制度与非正式制度的区别体现在以下几个方面：（1）正式制度是一种有意识的契约安排，用来约束人们的行为关系如政治、经济规则等契约；非正式制度则是一种无意识的规则，从未被人有意识地设计过如道德观念、风俗习惯以及意识形态等；（2）一般而言，正式制度短期内可以发生变化，非正式制度改变需要长期的过程；（3）正式制度可移植，非正式制度不可移植；（4）只有当正式制度与非正式制度相容的情况下，正式制度才能有效地发挥作用。实际上从政治关联的定义可以看出，它属于企业与政府间一种特殊的、非正式的关系，因此本质上应归属于非正式制度，在正式制度缺失时协调企业与政府之间的关系。制度基础理论强调，制度必须结合特定环境，任何组织无法离开制度，并且在不同的制度环境中寻找平衡点，最大程度地规避风险提高效率。

制度基础理论指出，经济转型属于制度变迁现象，是现有的制度规则不断完善的过程，在这一过程中，市场仍发挥主要作用，同时，政府的行政干预也具有重大影响。政府社会关键性资源的分配具有支配权，企业要想获取资源，必须依赖于非市场体系（如政府控制和社会网络）。目前，我国正处于经济转型期，制度环境规则也逐渐由市场所决定。在这种情况下，制度基础理论对我国具有较强政治关联的民营企业提供了很好的解释。

在我国市场经济发展过程中，政府发挥着巨大的作用，企业要想获得发展所需的资源和政策支持，只有依赖政府的力量。随着改革开放的深入，民营企业获得了长足的发展，具有举足轻重的地位，这一结果并不完全由市场经济所决定的，政府在这一过程中起到巨大的推动作用。在目前转型期，政府的行政干预力量强于市场规则，处于这种制度环境下，企业依然会寻求政府的庇护和支持，因此，积极构建政治关联，成为企业适应环境的首选。在正式制度缺失的市场环境下，政治关联作为一种替代机制，减少了民营企业在竞争中的风险性，能够及时把握市场方向，最大可能地保护自身的利益不受侵害。

3.1.3　政府干预理论

政府与市场之间的关系一直是学者们研究的焦点问题，政府与市场如何做到各负其职，各履其责，有效地进行分工？政府在经济发展过程中到底应该扮演何种角色？学者们一直孜孜不倦地进行探索。凯恩斯主义的“政府干预理论”认为，由于信息的不完善、市场的不完全，市场仅能发挥有限的作用，在公共品、外部性和垄断等方面，市场无法对资源进行有效配置，使社会福利实现最大化，也就是存在“市场失灵”。因此，市场经济发展的内在必然性，决定了政府需要在某些领域积极进行干预，减少“市场失灵”。在理论层面分析，如果政府行为对经济主体产生影响，就被认为是一种干预。

政府“扶持之手”和“掠夺之手”是对经济进行干预的两种模式。“扶持之手”认为政府的干预能够使社会福利达到最大化。而“掠夺之手”则认为政府的干预会凌驾于法律之上，民众的基本权利无法得到有效保障。

1. “扶持之手”的观点

政府通过向社会提供司法公正，维护市场正常运作的秩序以保护个人利益不受侵犯，履行它的政治职能和社会职能。除此之外，还需要政府对宏观经济和微观经济进行积极干预，使其正常运作。支持政府通过“扶持之手”发挥干预职能的理论观点主要有以下几种：

（1）市场失灵理论。20 世纪 30 年代始发于美国的世界经济大萧条，使人们逐渐意识到市场并不完美，具有一定的局限性，虽然市场是一种对资源进行配置的有效手段，但是在某些行业或领域，市场不能有效地起到配置和调节的作用，导致“市场失灵”。此时，政府干预就成为弥补市场不足的非常重要手段。凯恩斯（1936）在《就业、利息和货币通论》这本著作中，明确提出国家干预经济政策以实现充分就业和经济增长的主张。市场失灵理论是政府干预的重要理论，以下的几种理论是对市场失灵理论的深化和进一步拓展。

（2）自然垄断理论。自然垄断行业具有自然垄断的属性，一般包括自来水、通讯、电力、邮政、天然气、煤气、铁路、电视及广播等。Adams（1887）认为，产业按照规模报酬分为递增、不变、递减三类，自然垄断产业属于递增产业，政府应该适度进行管制，以保持大规模生产的经济效益优势。Ely（1937）按照形成机制将自然垄断分为三种类型：第一种是依靠独一无二的资源供给；第二种是拥有秘密或特权，如专利；第三种是由于具有业务特性。Ely 将由于规模经济性带来的自然垄断归为第三种，但是不管哪种类型，均具有不可竞争性。随着学者们的不断深入研究，自然垄断理论一致认为：由于规模经济性，自然垄断产业拥有固定的网络系统、固定的基础设施，形成较高的固定成本，“沉淀性”大，具有显著的规模经济和外部经济性，为社会经济活动、民众生活提供基础性和稀缺性的公共商品和服务，因此，应该排除或限制竞争，由一家企业或极少数几家企业垄断生产，以确保规模经济性。除此之外，为克服和预防这些垄断企业利用所占有的垄断资源对消费者利益进行侵害，满足公共需求，政府应当对自然垄断产业在准入、退出、质量及价格等方面实行严格的管制。

（3）信息不对称理论。20 世纪 60 年代，英国剑桥大学教授 James 和美国哥伦比亚大学教授 William 提出了信息不对称理论，该理论认为：在信息不对称情况下，占有信息优势的一方，利用对方的“无知”，为了谋求自身的利益而损害对方的利益；处于信息劣势的一方，无法掌握有效信息对交易过程产生怀疑，引起交易无法进行，或者不能公平进行的后果。由于信息不对称引起的“道德风险”和“逆向选择”，使得市场不能对资源进行优化配置，导致市场失灵。若要提高资源的配置效率，需要政府有效干预，来弥补市场失灵引起的缺陷。

（4）外部性理论。Mankiw（1997）指出，当一个人从事一种活动，这种活动影响了旁观者的福利，但对这种影响即不用支付报酬同时也不能获得报酬时，外部性就产生了。当这种影响是有益的，称为正外部性，反之，称为负外部性。1890 年 Alfred Marshall 在《经济学原理》中首次提到外部性问题，后经 Pigau 等学者的不断深入完善，最终形成外部性理论。该理论认为：如有某种物品无法被市场化，或者买者或卖者不把某些成本作为私人利益考虑，那么，市场对资源所进行的配置就不可能是有效率。此时，需要政府进行适当的干预，外部性问题才能得以解决，社会公共福利才能得以提高。

（5）公共利益理论。公共利益理论建立在“市场失灵”和“福利经济学”基础之上，该理论把政府干预视为针对私人行为的公共行政政策，或从公共利益出发而制定的规则，认为政府干预的目的是为了克服市场失灵，提高资源配置效率，实现社会公平正义和福利最大化。Bodenheimer（1962）指出，美国处于一个复杂的工业社会，为了更加高效地管理公共事务，有必要且不可避免地加强行政控制。Maurer（1988）认为，垄断者利用垄断地位，操纵价格，限制产品，损害社会公众的利益，需要政府反垄断管制；公共事业领域的产品价格、质量及破坏性竞争损害公共利益，需要政府经济性管制；由于经济活动具有负外部性，对自然环境、人身健康、公共安全带来破坏，需要政府社会性管制。因此，无论是反垄断管制、经济性管制还是社会性管制，政府干预都是实现对公共利益的整合、维护和分配的一种行为，公共利益都是最好的理由。

2. “掠夺之手”的观点

国家在发展中有自己的目标，为了实现自己的利益，会采取一些强制手段，当国家使用强制手段，政府变成“掠夺之手”。Shleifer & Vishny 提出了著名的“掠夺之手”理论，Shleifer & Vishny（1998）认为，政治家并不是以社会福利最大化作为目标，而是将追求个人私利作为目标。统治者利用手中的权利将社会资源分配给政治上的支持者，以牺牲公共福利为代价，这样做不仅维护自己的政治地位，而且对政治上的竞争者起到一定的打压作用。民主政治中的政治家，即使通过民主选举产生，一般也不会把社会福利最大化作为目标，一个原因是他们需要再次获得竞选，另外一个原因是利益集团的游说会对政治选择产生影响（Olson，1965；Becker，1983）。游说活动对政治决策产生影响的原因在于政治家在竞选中需要选票和资金的支持，游说集团利用这一影响对再分配的过程进行操纵，从而掠夺公共资源，有时以高额的社会成本作为代价。

“掠夺之手”理论从政治学的分析入手，可以提供一个实证性的政府选择理论，帮助分析公共部门存在的弊端，并正确进行处理，同时也能提供有关政府所有权和民营化、腐败、法律制度、政府成长等理论。而且，“掠夺之手”的分析方法可以作为有用的指导原则来服务于政策，形成一些实际建议。Shleifer & Vishny 认为，“掠夺之手”理论能够帮助更好地理解不同国家现存的制度差异，解释这些制度构建的原因及它们对经济增长和发展的利弊。

3.2 研究假设的提出

3.2.1 多元化经营与企业绩效

1. 行业多元化经营与企业绩效

多元化经营与企业绩效之间关系的研究，一直是战略管理领域研究的重点内容。Reed & Luffman（1986）提出企业进行多元化经营实现的两个目标：一是当外部环境中有新的机会出现时，多元化经营是一种重要的增长战略；二是当企业所在的行业达到成熟或者企业绩效出现下滑时，出于生存的目的，企业也会进行多元化经营。目前，对于发达市场条件下，企业多元化经营理论方面的解释主要有：基于竞争的观点、代理理论和资源基础理论。但是，我国属于经济转型国家，学者们在研究转型经济或者新兴经济条件下企业的多元化经营时，普遍采用制度理论进行解释。制度理论认为转型国家的企业实施多元化的主要原因是这些国家的制度特征。在经济转型国家中，市场机制不完善或者发挥作用的效率不高，政府对企业行为存在干预，并且手中掌握着大量的重要资源。因此，在经济转型国家中，虽然市场在一定程度上发挥作用，但是企业的发展很大程度上仍依赖非市场体系获取一定的资源。

学者们在对转轨经济体的研究中发现，实施多元化经营的企业通常具有较好的绩效。Khanna & Palepu（1997）通过对印度和墨西哥等转轨经济体中企业多元化经营与绩效之间的关系研究发现，由于市场发育程度较低，企业进行多元化经营能增加企业价值。Khanna & Palepu（2000）以印度公司为对象研究表明，多元化能有效提高公司的绩效，并且，在市场经济不发达国家，实施多元化经营的公司由于建立有效的内部资本市场获得益处。Claessens et al.（2000）对亚洲9个国家和地区的企业进行研究发现，样本国家企业的多元化绩效与美国等发达国家存在差异，9个国家中仅有日本与美国一样，企业绩效与行业数呈负相关，但下降程度也比美国小，新加坡、中国台湾地区和印度尼西亚的企业存在多元化折价，而其他5个国家却没有发现多元化折价现象。

资源基础理论、制度基础理论和对新兴经济体的实证研究，对于研究我国民营企业的多元化问题具有重要的借鉴意义。我国处于市场转型期，虽然市场机制逐渐替代计划机制，但是市场体系还不完善，企业在资源获取上仍然很大程度上依赖非市场系统，使得企业具有进行多元化的动机和动力，尤其是民营企业在发展过程中面临“政策歧视”，在利润空间大的行业存在政府管制，民营企业要想进入这些行业，必须借助政府的力量。通过与政府建立良好的关系，从政府手中获得行业准入资格、销售渠道、资金方面的支持等，从而进行多元化经营，并且从政府扶持的行业中获利。因此，从短期看，行业多元化对民营企业绩效的影响利大于弊，本书提出下列假设：

假设1-1：行业多元化对民营企业短期绩效有显著正向影响

但是，在多元化经营与绩效关系研究时，无论基于哪种理论，都必须从增值方式和协调成本两个方面进行考虑（Chen & Ho，2000）。一方面，多元化使企业达到规模经济或者范围经济，进而提高效率；另一方面，在多元化过程中也会增加成本，如代理成本、控制成本上升等。因此，姚俊、吕源和蓝海林（2004）认为，企业实行多元化经营能够提高经济效益，在很大程度上取决于多元化创造的价值与成本之间的差额。从长远来看，民营企业为了建立、维系政治关联需要进行投入，增加多元化的成本，并且随着市场经济的不断完善，政治关联所发挥的作用越来越小。同时，由于政府扶持进行多元化经营的民营企业很难成为特定行业内具有市场竞争力的“专家”。Wan（2005）研究发现，在政府行政干预较强的情况下，企业会把关注点放在如何保持与政府间的良好关系等非市场资源与能力的培养上，而忽略产品或服务竞争力的培养。企业在进行多元化经营过程中，一般遵循“单一业务—相关多元化—非相关多元化”的发展轨迹，目前，民营企业的非相关多元化在转型经济体中仍然十分普遍（杨京京，2012）。主要是政治关联在其中所起的关键性作用，它不仅可以为民营企业提供重要的资源，如资金、技术等，同时能够帮助民营企业进入管制行业。民营企业在实施多元化经营选择时，并不是专注于自身的优势业务，而是取决于与政府之间的关系，往往容易导致盲目扩张。从长期来看，民营企业行业多元化对企业绩效的影响是不利的，民营企业要想获得长期发展，必须努力塑造自身的核心竞争力，发展核心业务，真正成为行业专家。因此，本书提出下列假设：

假设1－2：行业多元化对民营企业长期成长性有显著负向影响

2. 地域多元化经营与企业绩效

随着我国民营经济的快速发展，许多民营企业为了扩大规模，在地域上纷纷进行跨省经营，尽管实证研究方面并没有给出相关的证明，但是一些理论研究却明确指出，企业实施地域多元化的基础是拥有技术能力等特有优势。宋铁波、蓝海林和曾萍（2010）认为，在正式制度起主导作用的区域中，当企业利用区域优势形成“业务专家”后，更倾向于实施地域多元化经营。对发达国家企业的地域多元化研究发现，地域多元化能够提升企业绩效，但是我国处于经济转型期，地域多元化对企业绩效的影响会发生变化。黄玖立、冼国明（2012）认为，由于我国国内市场存在区域市场分割，因此国内市场空间结构与国际市场相似。王晓健、蓝海林（2012）指出，与国际市场竞争类似，国内省际市场间同样存在行政壁垒。地区之间存在差异，企业在跨地区经营时协调成本会随之增加，这可能会降低范围经济性带来的潜在收益。随着地域的扩张，制度或者文化的差异也会对企业的经营活动带来一些消极影响，并且成为企业竞争优势在地区间转移的重要障碍。虽然，中央明确规定地方政府不得出于地方保护主义限制本地企业去其他地区投资，或者限制其他地区企业进入本地市场，有些地方政府为了招商引资，发展地方经济，对外地企业和国外企业大开方便之门，在许多方面提供政策上的优惠，如税收、土地等，但是，市场分割所引起的负面效应仍然存在，企业在跨地区经营中整合效率降低，付出高昂的代价，并没有带来竞争优势。Boisot & Meyer（2008）明确指出，企业在进行跨省扩张过程中会产生管理成本、运营成本、交易成本和产能成本，并且当企业进行地域扩张，进入新市场时，需要大规模的资金支持，却缺乏与之相配套的完善的资本市场配套机制，民营企业容易出现资金链断裂而导致破产。因此，从短期看，地域多元化对民营企业的发展不利，本书提出下列假设：

假设 1 - 3：地域多元化对民营企业短期绩效有显著负向影响

但是，从长远来看，地域多元化能够突破本地市场的规模限制，在国内市场上寻找新的发展机会，获得更宽阔的发展空间。民营企业可以将核心能力和经营效率在地域间进行转移，在更多的区域内销售产品或者进一步提高生产效率，从而在空间上实现规模经济。同时，地域多元化经营也可以让民营企业实现资源、经验的共享，提高应对市场不确定性的能力。而且，民营企业将资源集中在一个地区，一旦所在地区经济出现大的波动，或政府政策出现不连续性，或发生一些突发的自然灾害，都会给企业造成不可挽回的损失。如果进行跨地区经营，就会有效地避免这些风险的发生。从 20 世纪初期，中央政府重拳出击，加大对地方保护主义的整改力度，出台了一系列文件，使市场制度逐渐完善。因此，从长期来看，地域多元化对民营企业的发展有利，本书提出下列假设：

假设 1 - 4：地域多元化对民营企业长期成长性有显著正向影响

3.2.2　政治关联对多元化经营与企业绩效关系的调节作用

North（1973）指出，制度在一个国家经济发展过程中起着重要的作用，合理的制度是一个国家物质和人力资本增长，甚至是技术进步的深层次影响因素。对于我国的企业而言，重要的制度安排主要来自于两个方面：一方面是市场环境；另一方面是政府环境。市场环境方面的制度安排，能够有效地保证企业在经营过程中公平地进行竞争，并且按照市场价格机制获取所需资源。政府治理环境方面的制度安排，能够保证企业的产权获得保护，尤其是私有企业。企业一般都是处于特定的制度环境下发展，在经营过程中总是遵循着“趋利避害”的生存原则，因此，为了进一步适应环境，企业的许多经营行为都是内生于所在地的制度环境。

在一些新兴经济体国家中，尤其是经济处于转型国家中，制度环境的迅速变化改变企业对于资源的获取、经营、开发和转移的方式。企业所占有的资源、实施的多元化经营与企业绩效三者之间的关系随着制度环境的不同而不同。在经济转型国家中，非市场资本如政治资本、社会资本等的重要程度远远大于市场资本如渠道、品牌等，表面上实施不相关的多元化经营，实际上是基于非市场资源下的相关多元化，实施这种多元化经营能够提高企业绩效。

自改革开放以来，我国的市场经济取得了举世瞩目的成就，但由于我国各个地区的经济发展水平与法制化发展进度有所不同，再加之地理位置、国家的扶持政策、所拥有的自然资源等方面的影响，各个地区的制度环境也就存在很大差异。当企业所处的制度环境相对比较差时，行政力量对资源的配置具有主导作用，市场对资源配置的作用较弱，地方政府经常以各种名目对民营企业收取费用，并分摊各种任务，有些企业为了避免当地政府打击报复，只能接受。而更多的民营企业则多方寻求保护，积极构建与政府之间的关系被认为是一种比较合理的自我保护方式。

1. 政治关联对行业多元化经营与企业绩效关系的调节作用

在进行多元化经营过程中，民营企业需要两个关键性资源：资金获取和行业准入。

（1）在资金方面，同国有企业相比，民营企业在发展中一直受到资金的制约，严重阻碍其发展壮大，它们在信贷方面往往也处于劣势，很难从银行获得资金的支持。一方面，由于目前我国的商业银行主要是国有银行，政府占主导地位，国有经济的重要性决定了政府大力扶持国有企业，也会将银行贷款提供给国有企业；另一方面，商业银行基于我国的信贷管理制度，它们最关注贷款所带来的风险，政府可以给国有企业以有效支持，而民营企业则很难获得这种支持，导致银行更愿意贷款给风险相对较小的国有企业。民营企业遇到好的发展机会，由于资金不足也会失之交臂。国家虽然加大了对民营企业的重视程度，加大了金融体制方面的改革力度，银行信贷制度的市场化程度不断加强，然而从总体上看，市场上信贷歧视现象依旧比较严重。民营企业发现利用正式制度很难获得银行的支持，于是，只能寻找其他途径，通过非正式制度来获得所需的资金，而搞政治关联成为民营企业普遍的做法。当前，我国制度处于转型时期，政治关联有利于民营企业获得来自银行方面的信贷支持，尤其是市场经济发展越落后的地区，政治关联越能帮助企业获得银行贷款（余明桂、潘红波，2008）。也可以说，在金融水平比较落后的地方，如果民营企业具有政治关联，那么其所受的融资约束相对较少，政治关联的作用比较明显（罗党论、甄丽明，2008）。而且，从企业长期的发展来看，长期贷款所发挥的作用较大，政治关联能够帮助民营企业从银行获得长期贷款。

（2）在行业准入方面，民营企业很少能够涉足垄断产业，大部分集中在一般竞争性产业（王劲松、史晋川和李应春，2005），虽然国家为了鼓励非公有制经济的发展，在2005年国务院出台了《国务院关于鼓励支持和引导个体私营等非公有制经济发展的若干意见》[①]，文件明确规定非公有制资本也可以进入一些垄断性行业，但行业审批权仍然掌握在政府手中。由于民营企业所处的产业竞争比较激烈，成长空间有限，为了进一步寻求新的发展机遇，民

① 《国务院关于鼓励支持和引导个体私营等非公有制经济发展的若干意见》，简称“非公38条”。

营企业有进入新行业的动机，尤其是利润空间较高的政府管制行业。在此情况下，政治关联成为一种进入管制行业的手段。而且，占有的政治资源越多，民营企业越容易进入政府管制行业，进行非相关多元化经营（胡旭阳、史晋川，2008）。因此，拥有政治关联的民营企业更能克服资金和行业准入带来的限制，实施行业多元化经营，进而提升绩效。并且，政治关联广度越大，民营企业能够利用各种渠道获得更充分的信息和更重要资源，一旦出现一些并购机会能够及时抓住不会错过，进一步实施行业多元化扩张。而民营企业政治关联深度越强，意味着拥有的权利越多，在一定程度上能够影响政府的重要决策，而且能够获得一些更加隐秘、重大的信息，对企业实施行业并购带来更大的帮助（江若尘、莫材有和徐庆，2013），有利于行业多元化的实施。因此，无论政治关联广度还是深度对行业多元化经营与企业绩效间的调节作用均为正向。综上所述，本书提出以下假设：

假设 2－1：政治关联广度对行业多元化与企业短期绩效间的调节作用为正向

假设 2－2：政治关联广度对行业多元化与企业长期成长性间的调节作用为正向

假设 2－3：政治关联深度对行业多元化与企业短期绩效间的调节作用为正向

假设 2－4：政治关联深度对行业多元化与企业长期成长性间的调节作用为正向

2. 政治关联对地域多元化经营与企业绩效关系的调节作用

民营企业要想做大做强、获得长足的发展，在具有一定竞争优势后，必须进行区域扩张，实施地域多元化经营。地域多元化经营是企业进行经营区域调整的一种方式，是企业将在长期经营中所形成的核心竞争力在地域上进行转移，将企业的价值链在更大的区间上配置。但是，企业在进行地域多元化经营的扩张过程中，需要一套良好的经济制度作为强大的支撑，如完善的金融机制等。由于我国经济处于转型时期，各种制度发展不完善，尤其是各个地区之间存在差异。民营企业在进入到其他地区时，会受到当地企业和政府的排斥，被视为外来者，民营企业面临的最大的问题就是如何保护自己的产权不受当地政府侵占。同时，在与当地企业供应商、经销商发生合同纠纷时如何有效获得公平对待，在资金短缺时，如何获得银行的支持，争取足够金额的贷款。杨京京（2012）认为，在这种情况下，民营企业通过建立政治关联，对民营企业的地域多元化经营在产权保护、合同执行效果及银行信贷方面发挥积极作用，进而有效促进地域多元化经营对企业绩效的影响。

（1）政治关联有利于民营企业获得产权保护、政策上的扶持。民营企业选择跨地区经营，对于新进入的地区的产业环境及社会环境都比较陌生，因此，民营企业要想尽快融入当地的环境，必须找到恰当的“融入媒介”，而政府在这方面恰恰具有其他类型组织所不具有的优势，能够使民营企业在较短时间内适应环境，融入当地经济发展。地方政府手中掌握着大量的优势资源，政治关联不仅可以帮助企业获得重要的资源及优惠政策，而且，对于产权起到较大的保护作用，避免政府的“掠夺之手”，减少政府以各种名义摊派的费用。

（2）当企业在异地经营过程中发生法律纠纷时，政治关联能够帮助民营企业大概率胜诉。我国法律明确规定，各级地方政府不允许使用行政手段对人民法院事宜进行干预，其具有独立审判权，但实际上很难做到。法院在行政体制上必须对同级的人民代表大会负责，各级人大常委会有权利监督法院的工作。并且，各级地方政府的财政收入直接决定了司法机关的日常开支、员工福利待遇等，所以，地方政府对于司法机关具有一定的影响力。在这种情况下，民营企业在进行跨地区经营的过程中，如果一旦在合同或者其他方面发生纠纷，政治关联能够发挥积极的作用。并且，也能有效地预防企业在经营中遭遇合同毁约或者经营欺诈等风险。

（3）政治关联对民营企业获得银行贷款方面有所帮助。民营企业在进行地域扩张过程中，资金无疑成为最大的束缚。获得资金的难易程度对于发展中国家的企业来说非常重要，随着企业规模的不断壮大，要想获得更大的发展，需要进行外部融资，而且外部融资所起到的作用也会越来越大（Kunt & Maksimovic，1998）。与国有企业相比，民营企业在经营中受到“歧视”，很难获得银行的贷款，即使获得贷款额度也较低。而具有政治关联的民营企业由于获得了政府的认可，无疑向银行传递信号，该企业的经营实力较强，具有一定的还款能力，有助于获得银行的贷款，也有助于民营企业的地域化扩张，提高企业绩效。

民营企业在进行地域多元化扩张时，跨地区并购是一种有效的途径（江若尘、莫材有和徐庆，2013），是当前及未来一段时间内我国企业改革的重要方向（于剑南、李小军，2012）。乔健（1982）认为，企业在进行跨地区并购时，需要被并购企业所在地区的资源支配者的资源支持，该地区的政府部门为实现目标，也需要其他地区资源支配者的资源支持，从而在其中起“串联”关系作用的就是双方企业的高管的关系网络。在各地区的资源支配者之间高管能有效地起到中介功能，并且在并购过程中主并企业可以依靠高管的关系背景得到较多的资源和信息。因此，民营企业高管中具有政治关联的人数越多，获取信息的渠道越广，占有的资源就越多，本书提出下列假设：

假设 2－5：政治关联广度对地域多元化与企业短期绩效间的调节作用为

正向

假设2-6：政治关联广度对地域多元化与企业长期成长性间的调节作用为正向

目前，我国现行的行政体制是：如果官员的级别为省级以下，一般情况下都在本省内进行职务的变动，同外省市政府官员发展亲密私人关系的可能性相对较小。特别是，当企业高管曾任市（县）级以下的政府官员，那么当企业在异地进行多元化经营时，政府对企业的资源分配很难有所倾向。如果企业高管曾任省部级以上的政府官员，那么企业在异地进行多元化经营时，具有政治关联的高管则非常有可能与当地的现任政府官员的私人关系比较亲密。而且，如果民营企业的高管现任（或曾任）省级以上人大代表、政协委员或政府官员，说明该企业的生产规模达到一定程度，具有一定的实力，表明企业的经营状况良好。这样在进行地域扩张时，有利于将这些有利的信息向异地的政府传递，从而能够降低异地官员在进行资源分配过程中的过度倾斜本地企业的行为。因此，民营企业高管曾任政府官员的职务越高，或者人大代表、政协委员级别越高，对企业越有利，本书提出以下假设：

假设2-7：政治关联深度对地域多元化与企业短期绩效间的调节作用为正向

假设2-8：政治关联深度对地域多元化与企业长期成长性间的调节作用为正向

3.3 研究模型的提出

在我国，行政级别的高低决定政府官员具有政治影响力的大小，同时也决定了具有政治关联的企业获取政治资源的程度，最终决定了对企业经营活动的影响程度。同时，企业中拥有政治关联的高管数量上的多少，也决定了对企业经营活动影响程度的大小。结合国内外的理论研究成果，根据我国民营企业发展过程中的现实情况，可以得出：政治关联被视为企业的一项战略资源，在企业的发展过程中具有非常重要的价值，对企业绩效产生重大的影响，与此同时，政治关联也是企业进行多元化经营选择时的决定性因素。

经过上述分析，本书共提出12个假设，包括：多元化经营与企业绩效之间的关系，政治关联在多元化经营与企业绩效间的调节作用，具体见表3-1所示。

表 3-1　　研究结果汇总表

编号	假设描述
	多元化经营与企业绩效
H1-1	行业多元化对民营企业短期绩效有显著正向影响
H1-2	行业多元化对民营企业长期成长性有显著负向影响
H1-3	地域多元化对民营企业短期绩效有显著负向影响
H1-4	地域多元化对民营企业长期成长性有显著正向影响
	政治关联的调节作用
H2-1	政治关联广度对行业多元化与企业短期绩效间的调节作用为正向
H2-2	政治关联广度对行业多元化与企业长期成长性间的调节作用为正向
H2-3	政治关联深度对行业多元化与企业短期绩效间的调节作用为正向
H2-4	政治关联深度对行业多元化与企业长期成长性间的调节作用为正向
H2-5	政治关联广度对地域多元化与企业短期绩效间的调节作用为正向
H2-6	政治关联广度对地域多元化与企业长期成长性间的调节作用为正向
H2-7	政治关联深度对地域多元化与企业短期绩效间的调节作用为正向
H2-8	政治关联深度对地域多元化与企业长期成长性间的调节作用为正向

在对相关文献进行梳理，做出基础理论阐述和理论假设分析之后，本书构建了多元化经营、政治关联与企业绩效三者之间的关系模型，将政治关联细化为政治关联广度和深度两个维度，多元化经营分为行业多元化和地域多元化两种类型，企业绩效从短期绩效和长期成长性两个方面进行衡量，具体模型如图 3-1 所示。该模型反映了多元化经营对企业绩效的作用机理，以及政治关联如何在多元化经营与企业绩效之间发挥调节作用。

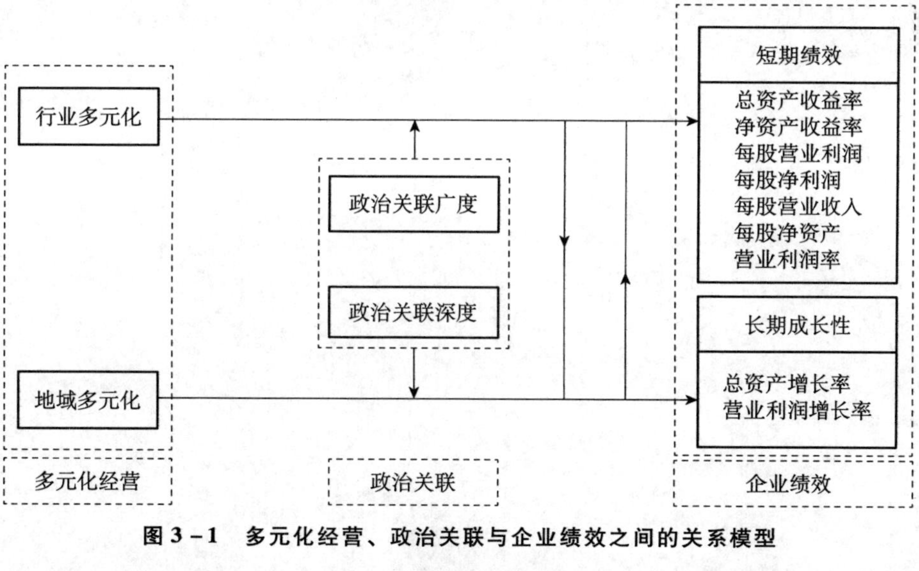

图 3-1　多元化经营、政治关联与企业绩效之间的关系模型

3.4 本章小结

本章首先阐述了相关理论，然后，分别就多元化经营如何影响企业绩效，以及政治关联如何在多元化经营与企业绩效之间发挥调节作用两个方面提出假设，在此基础上，构建多元化经营、政治关联与企业绩效三者之间的概念模型，为后续的实证研究奠定了理论基础。

第4章 实证研究设计

在前面理论分析的基础上，本章对提出的假设内容进行实证检验。首先，根据研究内容明确了样本范围，详细介绍了数据的来源；其次，对所有的自变量、因变量、调节变量、控制变量进行了定义；再次，构建了具体的检验模型；最后，介绍了数据分析工具和研究方法。

4.1 研究样本与数据收集

本书以 2008—2013 年①间在沪深交易所上市的所有民营上市公司为初选样本。首先，在 CSMAR 数据库的“我国民营上市公司数据库”中获取初始样本，然后按照“民营化方式”进行初步删选，选出实际控制人为自然人或家族的民营上市公司。考虑到收集数据的可能性和一致性，从实际需要出发，对样本再次进行筛选，筛选原则如下：（1）由于金融类、保险类的上市公司受行业影响较大，因此剔除此类公司；（2）剔除 ST、*ST 上市公司，避免一些非正常的因素对企业成长性方面带来的影响；（3）剔除 B 股上市公司，B 股上市公司在上市资质、监管、交易的各项规章制度等方面与 A 股上市公司存在很大差异；（4）为了准确测度上市公司的多元化程度，业务范围无法确定的公司予以剔除；（5）剔除相关数据缺失或者数据存在明显异常的公司；

① 2013 年 10 月中共中央组织部印发《关于进一步规范党政领导干部在企业兼职（任职）问题的意见》，引发 A 股上市公司董事（以独立董事居多）离职潮，为了保持数据的一致性、可比性，本书样本数据范围为 2008—2013 年。

(6) 剔除最终控制人无法识别的公司；(7) 由于西藏自治区的制度环境与其他地区差距较大，因此剔除注册地位于西藏自治区的上市公司；(8) 剔除在研究时间范围内所在行业发生变动的公司。经过筛选后，最终共得到由 337 家公司、1602 条样本观测值构成的非平衡面板数据。

本书研究数据主要包括上市公司财务数据、多元化数据和高管政治关联数据。对于民营上市公司政治关联的数据，主要采用手工方式获得。首先，利用 CSMAR 数据库获得公司实际控制人的简介资料，利用百度搜索“实际控制人姓名 + 人大代表（政协委员）+ 公司注册地”，最终确定实际控制人是否现在（或曾经）在政府部门中任职、是否现任（或曾任）人大代表或政协委员及其相应的级别。在此基础上，利用 CSMAR 中的“我国上市公司治理结构研究”数据库获得所有上市公司 2008—2013 年间董事会及高管团队的个人详细情况，通过手工收集汇总公司政治关联的详细数据。然后，利用 WIND 数据库[①]对高管深度资料进行辅助性的比较，最终确定公司政治关联情况。与以往研究方法相比，本书能最大限度地保证收集到的有关政治关联数据更加准确可靠。

多元化数据主要来源于 WIND 数据库中的“深度资料”，手工逐一收集每个上市公司所在年份的分行业和分地区收入情况，并且按照相应的计算公式，求得在指定的年份每个上市公司的行业多元化程度和地域多元化程度。

民营上市公司短期绩效和长期成长性的指标主要来源于 CSMAR“我国上市公司财务指标分析数据库”和“CSMAR 我国上市公司财务报表数据库”，数据类型主要采用合并报表数据。

4.2 变量操作性定义与测定

4.2.1　自变量及其测度

1. 行业多元化程度

理想的多元化指标应具有以下几个方面的特点（Gollop & Monahan,

---

① WIND 数据库是万得信息技术股份有限公司开发的以金融证券数据为核心的一流大型金融工程和财经数据仓库，数据涵盖股票、基金、债券、外汇、保险、期货、金融衍生品、现货交易、宏观经济、财经新闻等领域。

1991)：①数字性，即多元化指标与企业生产的产品类别总数之间正相关；②分布性，即其与企业生产的不同类别产品的数量分布的均匀性之间存在负相关；③异质性，即其与企业所生产的不同种类产品的差异性之间存在正相关；④其不仅能衡量企业的总体多元化程度，也能衡量企业下设的分公司或者某个具体行业的多元化程度。其中，前三个是最为重要的特征。

在对行业多元化程度进行量化时，基于不同的研究视角，各个理论学派的测量方法也有所不同。目前，主要有四种测量方法：采用业务数、产品的专业化率、赫芬达尔指数法和熵值法，目前在现有文献中较为常用的方法是熵值法，与其他方法相比，熵值法具有以下优点：①统计学上对于不同类型的变量采取不同的处理方法，与其他变量相比，连续变量具有一定的优势，而利用熵值法的公式求得的多元化值属于连续变量；②熵值法将产业分类建立在行业标准编码基础上，这种分类标准更具有直观性，使得测量结果更具有可信性；③熵值法的计算基础为众多的行业编码，因此，同赫芬达尔指数相比，此法更具敏感性与有效性；④与其他方法相比，熵值法的计算过程稍微有些繁琐，但是，由于利用的都是上市公司公开披露的数据，因此仍然可以计算出结果。

熵指数（Entropy Index）主要是以《全球行业分类标准》（GICS）[①] 中所规定的行业标准编码为基础，目前，国内大多数的上市公司都采用此标准对所处行业进行编码，本书收集民营上市公司多元化经营数据所采用的 WIND 数据库也是根据 GICS 中规定的行业进行分类的。具体的计算公式如下所示：

$$EI = \sum_{i=1}^{n} p_{i,t} \cdot \ln(1/p_{i,t}) \qquad (4.1)$$

式中：$p_{i,t}$——第 i 个行业在 t 年的销售额占总销售额的比重；

n——按四级行业编码计算的企业所经营的行业数量。

EI 数值越大说明该民营企业的多元化程度越高，这种方法满足了多元化测量过程中对于数字性和分布性的要求。

相关说明如下：

①在数据收集过程中，由于我国上市公司在对主营业务收入披露时，缺乏统一的标准，出现行业与产品混淆的情况。在计算过程中，仍需要将这样的公司数据进行相应的处理，将按照产品划分的收入归入所在行业。有些公司综合业务过于笼统，需进行拆分处理，转化为行业收入计算。这样处理的

① 全球行业分类系统（GICS）是由标准普尔与摩根斯坦利公司于 1999 年 8 月联手推出的行业分类系统。该标准为全球金融业提供了一个全面的、全球统一的经济板块和行业定义，GICS 为四级分类，包括 10 个经济部门（economic sector），24 个行业组（industry Group），67 个行业（industry）和 147 个子行业（sub - industry）。

目的是为了尽量防止对数据重复进行计算或者遗漏掉重要数据，能够真实准确地计算出公司的行业多元化程度。

②收集的数据中含有“其他”项时，若比重大于5%，则单列为一个行业；否则，直接剔除。

③收集的数据中含有“内部抵消”项时，则将对应的收入在所列的各个行业间平均分配。

④某行业收入比重小于5%（不包括5%）时，将该行业剔除。

2. 地域多元化程度

本书在对地域多元化程度进行测量时，借鉴巫景飞、何大军和林暐（2008）的做法，选择赫芬达尔指数（Herfindahl index），该指数能较准确地衡量企业的生产经营活动所扩张到的地域区间。虽然，我国在上市公司信息披露的及时性、完备性等方面有待进一步完善，有些计算过程中需要的指标无法获得，但是WIND数据库提供了上市公司不同地区的销售额数据，这样可以利用赫芬达尔指数来求出不同年份民营上市公司的地域多元化程度。由于本书对于“地域”的范围限制在国内，因此，根据民营企业在国内不同地区的销售收入，利用该指数能够将地域多元化程度准确地计算出来。详细的计算公式如下所示：

$$HI = 1 - \sum_{j=1}^{n} \left(\frac{x_{i,t,j}}{Y_{i,t}} \right)^2 \tag{4.2}$$

式中：$x_{i,t,j}$——第i个企业第t年j地区的销售收入；

$Y_{i,t}$——第i个企业第t年的总销售收入。

HI的数值越大，表明企业在国内经营的地区数越多，国内地域多元化程度越高。

相关说明如下：

①我国对于区域的划分习惯上沿用华中、华南、华北、华东、东北、西北、西南七个地区，如果民营上市公司的销售收入是按照这七个地区直接披露的，则直接带入公式计算出地域多元化程度；如果仅披露全国的销售收入，则直接归入公司所在地的主营业务收入，地域多元化程度为0；如果披露的数据中仅含有“国内”、“国外”两项收入时，则将国外业务收入忽略不计，直接将国内的收入归入公司所在地的主营业务收入，那么该公司地域多元化程度也为0；如果按照江南和江北两个地区披露业务收入，则等同华南和华北两个地区，计算多元化程度；如果披露的数据仅包括省内、省外两项，则认为该公司的主营业务收入主要集中在公司所在的省份和省外的另一个地区；如果披露的销售收入数据是按照具体的省份或城市，则把省市划分到上述七个

地区，然后得出具体数值；另外，计算过程还发现一些特殊个例，根据具体情况酌情处理，这样能最大程度保证数据的可靠性和有效性。

②某一地区比重小于5%（不包括5%）时，将该地区剔除。

③收集的数据中含有“其他”项时，若比重大于5%，则单列为一个地区，否则，直接剔除。

④收集的数据中含有“内部抵消”项时，则将对应的收入在所列的各个地区间平均分配。

需要强调的是，中国证监会对企业经营业务数量的划分做出了明确规定，要求业务单位的销售收入占到业务总收入的10%。目前，我国上市公司在进行业务占比披露时，都是按照1%、5%、10%三种比例，也就是说业务收入必须占到规定的最小比例才能在报告中显示出来。考虑到我国民营上市公司多元化实际发展状况，大多数企业还是“一业为主、多业为辅”的格局，尤其是对于具有发展潜力的业务，发展时间较短，并没有达到10%的占比。如果采用10%会直接导致企业多元化经营的业务数量大幅降低，对研究结果会带来影响；如果采用1%的标准，导致了过于精细。参考巫景飞、何大军和林暐（2008）的做法，本书采用5%作为衡量标准，若某一业务销售收入占业务总收入的5%，就将其作为一个业务单位。

4.2.2 因变量及其测度

目前，关于企业绩效的定义，理论界没有达成一致意见，主要从多维的角度进行界定，包括盈利能力、成长能力和综合竞争力三个方面。国外学者普遍采用Tobin's Q值[①]来衡量企业绩效，由于我国股票市场起步较晚，各项规章制度的发展并不完善，市场表现的价格与企业的实际绩效之间不完全等同。因此，并不适合用Tobin's Q值来衡量我国企业的绩效水平。同时，利润操纵、盈余管理等不良现象普遍存在于我国的上市公司中，因此也无法用净资产收益率（roe）来真实地衡量企业绩效。综合考虑，在对企业绩效的研究上，本书借鉴“南开大学公司治理评价课题组”（2010）的做法，从收益能力和成长性两个方面选取主要指标综合反映民营上市公司的财务状况。其中，选取反映公司收益能力方面的七个指标分别为总资产收益率（roa）、净资产收益率（roe）、每股营业利润（opps）、每股营业收入（ttmps）、每股净利润（ebitps）、每股净资产（navps）和营业利润率（opr），反映公司成长性方面

① Tobin's Q是由诺贝尔经济学奖获得者詹姆斯·托宾（James Tobin）于1969年提出的，并把Tobin's Q定义为企业的市场价值与资本重置成本之比。

有两个主要指标：总资产增长率（tagr）和营业利润增长率（opgr）。然后，利用主成分分析法，将短期绩效的七个指标计算出权重并进行赋值，最终得出一个衡量短期绩效指标，用同样的方法，得出一个衡量企业长期成长性的指标。

4.2.3　调节变量及其测度

对政治关联进行量化一直是学者们关注的焦点，也是使政治关联的实证研究结果更具有可信性的关键。目前，对于政治关联的度量方法主要有五种：虚拟变量法、董事比例法、层级划分法、多维度量法和指数模型法，五种方法各有利弊。在对各种方法综合分析的基础上，本书从两个维度度量我国民营上市公司政治关联程度，具体包括政治关联的广度和深度。政治关联广度用企业中具有政治关联的高管人数占高管总人数的比例来衡量；政治关联深度主要参照邓建平和曾勇（2009）、梁莱歆和冯延超（2010）等做法，将所有具有政治关联的高管按照职务等级进行赋值，具体赋值标准参见表4－1所示，并将所有高管的得分进行加总。

这里需要强调的是本书对于高管成员的界定范围主要包括三个层面：公司实际控制人、董事和高级管理人员（具体有总经理/总裁、副总经理/副总裁、财务总监/财务负责人、法定代表人和董事会秘书），而且这些高管人员至少担任县级以上的政府官员或者县级以上的人大代表、政协委员，才被认为是一种有效的政治关联。

表4－1　　民营上市公司高管政治关联赋值层级表

评分标准	分数
全国人大代表、全国政协委员或曾任省部级及以上官员	5
省级人大代表、政协委员或曾任地厅级官员	4
市级人大代表、政协委员或曾任县处级官员	3
县级人大代表、政协委员或曾任科局级官员	2
曾在政府重要部门工作过（但并未有行政级别）	1
没有任何从政经历	0

资料来源：笔者根据梁莱歆和冯延超（2010）的研究整理。

4.2.4　控制变量及其测度

在实证分析中，控制变量的引入能够有效排除一些比较重要的变量对被解释变量的影响，从而能更加准确地体现解释变量对被解释变量的解释力度。因此，为了保证准确性和规范性，本书对可能影响多元化经营、政治关联与企业绩效三者之间关系的关键变量进行控制。具体的控制变量主要包括以下几个：

1. 资产规模（asset）

企业在发展过程中，通常规模越大，越容易产生规模经济效益。因此，企业的规模对于战略的制定具有一定的影响。目前，对于公司规模普遍采用的衡量指标有资产规模、销售额和员工人数等，Li & Wong（2003）认为，相对公司员工人数，资产规模能够有效减少劳动密集型行业自身的特点产生的干扰。所以，本书参照夏立军和方逸强（2005）、周开国和李涛（2006）的做法，采用年末总资产这一指标来对公司规模进行度量。但是，公司总资产的数值过大，因此需要对总资产进行自然对数处理，以降低在回归分析中对其他变量产生的影响。

2. 资产负债率（lev）

以往的研究表明，资产负债率的大小直接影响股东制定战略决策，从而影响企业进行多元化扩张及企业财务绩效。为了避免公司资本结构给公司战略带来的影响，本书将资产负债率作为控制变量进行研究。

3. 民营化方式（way）

民营企业不同的上市途径使其参与政治的程度有所不同。目前，在我国企业的民营化方式主要包括直接上市和间接上市两种。民营企业直接上市是指企业在发起上市的时候控股权就掌握在自然人或者民营企业手中；间接上市是指民营企业在发起上市的时候控股权掌握在国家手中，后来通过股权转让等形式企业的控制权转移到自然人或民营企业手中。对于间接上市的民营企业而言，由于其前身为国家控股，与政府部门有着天然的联系，有更多的机会获得进行多元化的资源。并且，对民营上市公司的实际控制人而言，直接上市与间接上市具有不同的意义，比如上市方式为直接形式的实际控制人为家族的民营上市公司，由于长时间与政府部门打交道更会形成良好的政企关系。因此，本书将民营化方式作为控制变量进行处理。

4. 第一大股东持股比例（sha）

用该指标衡量股权结构对企业绩效的影响。对于上市公司而言，通常第一大股东在企业经营中处于控制地位，在董事会决策、高管任命及重大事宜决策方面产生较大的影响力。尤其对于民营企业而言，较大一部分是家族企业，第一大股东持股比例的多少直接决定了其在进行战略决策过程中的控制权。

5. 现金流占总资产比例（caf）

此指标反映了每股经营的净现金流量，用本期净现金流量除以本期总股本所得。民营企业在日常经营过程中，必须具有足够的现金流，才能够研发新产品，或者扩大生产规模，寻求新的利润增长点。

6. 董事长与总经理是否兼任（presmn）

在我国，大多数企业的实际控制权掌握在董事长手中，总经理拥有的权力有限。当董事长与总经理兼任时，董事长手中掌握更大的权力，在进行多元化经营决策时，更易受企业政治关联的影响。而当董事长与总经理两职分离时，董事长的权力会受到一定的制衡，在进行多元化经营决策时，受企业政治关联的影响程度有所降低。

7. 企业年龄（age）

文献研究发现，企业经营年限越长越易于与当地政府或官员建立良好的政企关系。因此，在分析过程中，需要充分考虑企业的年龄，用企业所处的样本采集年度减去注册年度再加上 1，具体计算公式为 $age = T_i - T_0 + 1$，式中 T_i为样本采集年度，T_0为注册年度，并进行自然对数处理。

8. 行业类别（IND）

民营企业在经营过程中涉足不同的行业，使其经营模式存在差异，盈利方式也存在差异，而且成长性受所处行业因素的影响也较大，企业成长性的衡量标准和影响因素在各个行业之间也存在不同，而且，企业所处的行业不同，在战略的制定上也具有差异。因此，在分析过程中应充分考虑企业所处的行业不同所带来的差异，将行业作为控制变量加以分析。依据《全球行业分类标准》，剔除掉多元金融、保险业、银行，最终分为 10 个一级行业门类，20 个二级行业门类，45 个三级行业门类，68 个四级行业门类，本书按照一级行业门类构建行业虚拟变量，为了避免共线性问题，将行业类别虚拟变量设置为 9 个。

9. 年度虚拟变量（YEAR）

本书采用民营上市公司纵向年度数据，由于股票市场具有较强的波动性，同时由于 2008 年发生了全球经济危机，在一段时期对企业的绩效产生较大影响。为了减少其对研究造成的影响，参考周黎安和罗凯（2005）、梁莱歆和冯延超（2010）的做法，将民营上市公司所处的年份作为虚拟变量引入到回归方程中，用来控制年度效应与异方差的问题。为了避免共线性问题，年度虚拟变量个数为样本年数减1（见表4－2）。

表4－2　变量定义汇总表

变量类型	变量名称	变量符号	变量定义
因变量			
短期绩效（stp）	总资产收益率	*roa*	净利润/总资产
	净资产收益率	*roe*	净利润/所有者权益
	每股营业利润	*opps*	营业利润/年末普通股股数
	每股营业收入	*ttmps*	（主营业务收入＋其他业务收入）/年末普通股股数
	每股净利润	*ebitps*	（利润总额＋利息支出）/年末普通股股数
	每股净资产	*navps*	股东权益/年末普通股股数
	营业利润率	*opr*	营业利润/营业收入
长期成长性（ltp）	总资产增长率	*tagr*	当年总资产增长额/年初总资产
	营业利润增长率	*opgr*	本年营业利润增长额/上年营业利润总额
自变量			
多元化程度	行业多元化	*EI*	$EI = \sum_{i=1}^{n} p_{i,t} \cdot \ln(1/p_{i,t})$
	地域多元化	*HI*	$HI = 1 - \sum_{j=1}^{n} \left(\frac{x_{i,t,j}}{Y_{i,t}}\right)^2$
调节变量			
政治关联程度	政治关联广度	*pcb*	有政治关联的高管人数/高管总人数
	政治关联深度	*pcd*	具有政治关联的高管赋值后加和
控制变量			
资产规模		*asset*	年末总资产的对数
资产负债率		*lev*	总负债/总资产
民营化方式		*way*	直接上市取1，否则取0
第一大股东持股比例		*sha*	企业第一大股东在t年所持股份占总股本比例
现金流占总资产比例		*caf*	现金流/总资产
董事长与总经理是否兼任		*presmn*	兼任取值1，否则取0
企业年龄		*age*	样本采集年度－公司注册年度＋1，对其取对数
行业类别		*IND*	当处于该行业时取1，否则取0
年度虚拟变量		*YEAR*	当处于该年份时取1，否则取0

资料来源：笔者整理。

4.3 检验模型的设计

本书主要研究民营上市公司多元化经营与企业绩效之间存在的关系，以及政治关联在两者之间存在的调节作用。在研究假设的基础上，构建检验模型。在发展过程中，企业由于受到路径依赖所产生的惯性的影响，前一期的企业绩效有可能会影响到当期的企业绩效，为了解决这种相关性，通常的做法是将被解释变量的滞后项放到解释变量中加以控制，最终建立动态面板数据模型。

4.3.1 多元化经营与企业绩效关系的模型设定

参照前文提出的假设及相关变量维度的设定，在考查多元化经营对企业绩效影响时，分别考查行业多元化对企业短期绩效、长期成长性产生的影响，地域多元化对企业短期绩效、长期成长性产生的影响，构建多元化经营对企业绩效影响的机理模型，具体模型如下：

$$\begin{aligned} stp_{i,t} &= \beta_0 + \beta_1 stp_{i,t-1} + \beta_2 EI_{i,t} + \beta_3 \ln asset_{i,t} + \beta_4 lev_{i,t} + \beta_5 way_{i,t} \\ &\quad + \beta_6 sha_{i,t} + \beta_7 caf_{i,t} + \beta_8 presmn_{i,t} + \beta_9 \ln age_{i,t} \\ &\quad + \sum_{i=1}^{9} \beta_{i+9} IND_i + \sum_{i=1}^{5} \beta_{i+18} YEAR_i + \varepsilon_{i,t} \end{aligned} \tag{4.3}$$

$$\begin{aligned} ltp_{i,t} &= \beta_0 + \beta_1 ltp_{i,t-1} + \beta_2 EI_{i,t} + \beta_3 \ln asset_{i,t} + \beta_4 lev_{i,t} + \beta_5 way_{i,t} \\ &\quad + \beta_6 sha_{i,t} + \beta_7 caf_{i,t} + \beta_8 presmn_{i,t} + \beta_9 \ln age_{i,t} \\ &\quad + \sum_{i=1}^{9} \beta_{i+9} IND_i + \sum_{i=1}^{5} \beta_{i+18} YEAR_i + \varepsilon_{i,t} \end{aligned} \tag{4.4}$$

$$\begin{aligned} stp_{i,t} &= \beta_0 + \beta_1 stp_{i,t-1} + \beta_2 HI_{i,t} + \beta_3 \ln asset_{i,t} + \beta_4 lev_{i,t} + \beta_5 way_{i,t} \\ &\quad + \beta_6 sha_{i,t} + \beta_7 caf_{i,t} + \beta_8 presmn_{i,t} + \beta_9 \ln age_{i,t} \\ &\quad + \sum_{i=1}^{9} \beta_{i+9} IND_i + \sum_{i=1}^{5} \beta_{i+18} YEAR_i + \varepsilon_{i,t} \end{aligned} \tag{4.5}$$

$$\begin{aligned} ltp_{i,t} &= \beta_0 + \beta_1 ltp_{i,t-1} + \beta_2 HI_{i,t} + \beta_3 \ln asset_{i,t} + \beta_4 lev_{i,t} + \beta_5 way_{i,t} \\ &\quad + \beta_6 sha_{i,t} + \beta_7 caf_{i,t} + \beta_8 presmn_{i,t} + \beta_9 \ln age_{i,t} \\ &\quad + \sum_{i=1}^{9} \beta_{i+9} IND_i + \sum_{i=1}^{5} \beta_{i+18} YEAR_i + \varepsilon_{i,t} \end{aligned} \tag{4.6}$$

4.3.2 多元化经营、政治关联与企业绩效的模型设定

在考查多元化经营、政治关联对企业绩效的共同影响时，对政治关联从广度与深度两个方面进行衡量，多元化经营包括行业多元化和地域多元化，分别构建对企业短期绩效、长期成长性影响的机理模型，因此，本节构建(4.7)—(4.14) 共 8 个回归模型，具体如下：

$$
\begin{aligned}
stp_{i,t} = {} & \beta_0 + \beta_1 stp_{i,t-1} + \beta_2 EI_{i,t} + \beta_3 pcb_{i,t} + \beta_4 \ln asset_{i,t} + \beta_5 lev_{i,t} \\
& + \beta_6 way_{i,t} + \beta_7 sha_{i,t} + \beta_8 caf_{i,t} + \beta_9 presmn_{i,t} + \beta_{10} \ln age_{i,t} \\
& + \sum_{i=1}^{9} \beta_{i+10} IND_i + \sum_{i=1}^{5} \beta_{i+19} YEAR_i + \varepsilon_{i,t}
\end{aligned} \tag{4.7}
$$

$$
\begin{aligned}
ltp_{i,t} = {} & \beta_0 + \beta_1 ltp_{i,t-1} + \beta_2 EI_{i,t} + \beta_3 pcb_{i,t} + \beta_4 \ln asset_{i,t} + \beta_5 lev_{i,t} \\
& + \beta_6 way_{i,t} + \beta_7 sha_{i,t} + \beta_8 caf_{i,t} + \beta_9 presmn_{i,t} + \beta_{10} \ln age_{i,t} \\
& + \sum_{i=1}^{9} \beta_{i+10} IND_i + \sum_{i=1}^{5} \beta_{i+19} YEAR_i + \varepsilon_{i,t}
\end{aligned} \tag{4.8}
$$

$$
\begin{aligned}
stp_{i,t} = {} & \beta_0 + \beta_1 stp_{i,t-1} + \beta_2 EI_{i,t} + \beta_3 pcd_{i,t} + \beta_4 \ln asset_{i,t} + \beta_5 lev_{i,t} \\
& + \beta_6 way_{i,t} + \beta_7 sha_{i,t} + \beta_8 caf_{i,t} + \beta_9 presmn_{i,t} + \beta_{10} \ln age_{i,t} \\
& + \sum_{i=1}^{9} \beta_{i+10} IND_i + \sum_{i=1}^{5} \beta_{i+19} YEAR_i + \varepsilon_{i,t}
\end{aligned} \tag{4.9}
$$

$$
\begin{aligned}
ltp_{i,t} = {} & \beta_0 + \beta_1 ltp_{i,t-1} + \beta_2 EI_{i,t} + \beta_3 pcd_{i,t} + \beta_4 \ln asset_{i,t} + \beta_5 lev_{i,t} \\
& + \beta_6 way_{i,t} + \beta_7 sha_{i,t} + \beta_8 caf_{i,t} + \beta_9 presmn_{i,t} + \beta_{10} \ln age_{i,t} \\
& + \sum_{i=1}^{9} \beta_{i+10} IND_i + \sum_{i=1}^{5} \beta_{i+19} YEAR_i + \varepsilon_{i,t}
\end{aligned} \tag{4.10}
$$

$$
\begin{aligned}
stp_{i,t} = {} & \beta_0 + \beta_1 stp_{i,t-1} + \beta_2 HI_{i,t} + \beta_3 pcb_{i,t} + \beta_4 \ln asset_{i,t} + \beta_5 lev_{i,t} \\
& + \beta_6 way_{i,t} + \beta_7 sha_{i,t} + \beta_8 caf_{i,t} + \beta_9 presmn_{i,t} + \beta_{10} \ln age_{i,t} \\
& + \sum_{i=1}^{9} \beta_{i+10} IND_i + \sum_{i=1}^{5} \beta_{i+19} YEAR_i + \varepsilon_{i,t}
\end{aligned} \tag{4.11}
$$

$$
\begin{aligned}
ltp_{i,t} = {} & \beta_0 + \beta_1 ltp_{i,t-1} + \beta_2 HI_{i,t} + \beta_3 pcb_{i,t} + \beta_4 \ln asset_{i,t} + \beta_5 lev_{i,t} \\
& + \beta_6 way_{i,t} + \beta_7 sha_{i,t} + \beta_8 caf_{i,t} + \beta_9 presmn_{i,t} + \beta_{10} \ln age_{i,t} \\
& + \sum_{i=1}^{9} \beta_{i+10} IND_i + \sum_{i=1}^{5} \beta_{i+19} YEAR_i + \varepsilon_{i,t}
\end{aligned} \tag{4.12}
$$

$$
\begin{aligned}
stp_{i,t} = {} & \beta_0 + \beta_1 stp_{i,t-1} + \beta_2 HI_{i,t} + \beta_3 pcd_{i,t} + \beta_4 \ln asset_{i,t} + \beta_5 lev_{i,t} \\
& + \beta_6 way_{i,t} + \beta_7 sha_{i,t} + \beta_8 caf_{i,t} + \beta_9 presmn_{i,t} + \beta_{10} \ln age_{i,t} \\
& + \sum_{i=1}^{9} \beta_{i+10} IND_i + \sum_{i=1}^{5} \beta_{i+19} YEAR_i + \varepsilon_{i,t}
\end{aligned} \tag{4.13}
$$

$$
\begin{aligned}
ltp_{i,t} = {} & \beta_0 + \beta_1 ltp_{i,t-1} + \beta_2 HI_{i,t} + \beta_3 pcd_{i,t} + \beta_4 \ln asset_{i,t} + \beta_5 lev_{i,t} \\
& + \beta_6 way_{i,t} + \beta_7 sha_{i,t} + \beta_8 caf_{i,t} + \beta_9 presmn_{i,t} + \beta_{10} \ln age_{i,t} \\
& + \sum_{i=1}^{9} \beta_{i+10} IND_i + \sum_{i=1}^{5} \beta_{i+19} YEAR_i + \varepsilon_{i,t}
\end{aligned} \tag{4.14}
$$

4.3.3　政治关联对多元化经营与企业绩效关系的调节作用模型设定

在前面分析的基础上，本节主要考察政治关联对多元化经营与企业绩效关系的调节作用，为了验证调节作用，需要将经过中心化处理的自变量与调节变量进行乘积，并且与自变量、调节变量一起放到回归模型中，由于政治关联用广度和深度两个维度进行度量，多元化经营包括行业多元化和地域多元化，企业绩效从短期绩效与长期成长性两个方面衡量，因此，本节构建（4.15）—（4.22）共 8 个回归模型，具体如下：

$$\begin{aligned} stp_{i,t} = {} & \beta_0 + \beta_1 stp_{i,t-1} + \beta_2 EI_{i,t} + \beta_3 pcb_{i,t} + \beta_4 \overline{EI_{i,t}} \times \overline{pcb_{i,t}} + \beta_5 \ln asset_{i,t} \\ & + \beta_6 lev_{i,t} + \beta_7 way_{i,t} + \beta_8 sha_{i,t} + \beta_9 caf_{i,t} + \beta_{10} presmn_{i,t} + \beta_{11} \ln age_{i,t} \\ & + \sum_{i=1}^{9} \beta_{i+11} IND_i + \sum_{i=1}^{5} \beta_{i+20} YEAR_i + \varepsilon_{i,t} \end{aligned} \tag{4.15}$$

$$\begin{aligned} ltp_{i,t} = {} & \beta_0 + \beta_1 ltp_{i,t-1} + \beta_2 EI_{i,t} + \beta_3 pcb_{i,t} + \beta_4 \overline{EI_{i,t}} \times \overline{pcb_{i,t}} + \beta_5 \ln asset_{i,t} \\ & + \beta_6 lev_{i,t} + \beta_7 way_{i,t} + \beta_8 sha_{i,t} + \beta_9 caf_{i,t} + \beta_{10} presmn_{i,t} + \beta_{11} \ln age_{i,t} \\ & + \sum_{i=1}^{9} \beta_{i+11} IND_i + \sum_{i=1}^{5} \beta_{i+20} YEAR_i + \varepsilon_{i,t} \end{aligned} \tag{4.16}$$

$$\begin{aligned} stp_{i,t} = {} & \beta_0 + \beta_1 stp_{i,t-1} + \beta_2 EI_{i,t} + \beta_3 pcd_{i,t} + \beta_4 \overline{EI_{i,t}} \times \overline{pcd_{i,t}} + \beta_5 \ln asset_{i,t} \\ & + \beta_6 lev_{i,t} + \beta_7 way_{i,t} + \beta_8 sha_{i,t} + \beta_9 caf_{i,t} + \beta_{10} presmn_{i,t} + \beta_{11} \ln age_{i,t} \\ & + \sum_{i=1}^{9} \beta_{i+11} IND_i + \sum_{i=1}^{5} \beta_{i+20} YEAR_i + \varepsilon_{i,t} \end{aligned} \tag{4.17}$$

$$\begin{aligned} ltp_{i,t} = {} & \beta_0 + \beta_1 ltp_{i,t-1} + \beta_2 EI_{i,t} + \beta_3 pcd_{i,t} + \beta_4 \overline{EI_{i,t}} \times \overline{pcd_{i,t}} + \beta_5 \ln asset_{i,t} \\ & + \beta_6 lev_{i,t} + \beta_7 way_{i,t} + \beta_8 sha_{i,t} + \beta_9 caf_{i,t} + \beta_{10} presmn_{i,t} + \beta_{11} \ln age_{i,t} \\ & + \sum_{i=1}^{9} \beta_{i+11} IND_i + \sum_{i=1}^{5} \beta_{i+20} YEAR_i + \varepsilon_{i,t} \end{aligned} \tag{4.18}$$

$$\begin{aligned} stp_{i,t} = {} & \beta_0 + \beta_1 stp_{i,t-1} + \beta_2 HI_{i,t} + \beta_3 pcb_{i,t} + \beta_4 \overline{HI_{i,t}} \times \overline{pcb_{i,t}} + \beta_5 \ln asset_{i,t} \\ & + \beta_6 lev_{i,t} + \beta_7 way_{i,t} + \beta_8 sha_{i,t} + \beta_9 caf_{i,t} + \beta_{10} presmn_{i,t} + \beta_{11} \ln age_{i,t} \\ & + \sum_{i=1}^{9} \beta_{i+11} IND_i + \sum_{i=1}^{5} \beta_{i+20} YEAR_i + \varepsilon_{i,t} \end{aligned} \tag{4.19}$$

$$\begin{aligned} ltp_{i,t} = {} & \beta_0 + \beta_1 ltp_{i,t-1} + \beta_2 HI_{i,t} + \beta_3 pcb_{i,t} + \beta_4 \overline{HI_{i,t}} \times \overline{pcb_{i,t}} + \beta_5 \ln asset_{i,t} \\ & + \beta_6 lev_{i,t} + \beta_7 way_{i,t} + \beta_8 sha_{i,t} + \beta_9 caf_{i,t} + \beta_{10} presmn_{i,t} + \beta_{11} \ln age_{i,t} \\ & + \sum_{i=1}^{9} \beta_{i+11} IND_i + \sum_{i=1}^{5} \beta_{i+20} YEAR_i + \varepsilon_{i,t} \end{aligned} \tag{4.20}$$

$$\begin{aligned} stp_{i,t} = {} & \beta_0 + \beta_1 stp_{i,t-1} + \beta_2 HI_{i,t} + \beta_3 pcd_{i,t} + \beta_4 \overline{HI_{i,t}} \times \overline{pcd_{i,t}} + \beta_5 \ln asset_{i,t} \\ & + \beta_6 lev_{i,t} + \beta_7 way_{i,t} + \beta_8 sha_{i,t} + \beta_9 caf_{i,t} + \beta_{10} presmn_{i,t} + \beta_{11} \ln age_{i,t} \\ & + \sum_{i=1}^{9} \beta_{i+11} IND_i + \sum_{i=1}^{5} \beta_{i+20} YEAR_i + \varepsilon_{i,t} \end{aligned} \tag{4.21}$$

$$\begin{aligned} ltp_{i,t} = {} & \beta_0 + \beta_1 ltp_{i,t-1} + \beta_2 HI_{i,t} + \beta_3 pcd_{i,t} + \beta_4 \overline{HI_{i,t}} \times \overline{pcd_{i,t}} + \beta_5 \ln asset_{i,t} \\ & + \beta_6 lev_{i,t} + \beta_7 way_{i,t} + \beta_8 sha_{i,t} + \beta_9 caf_{i,t} + \beta_{10} presmn_{i,t} + \beta_{11} \ln age_{i,t} \end{aligned}$$

$$+\sum_{i=1}^{9}\beta_{i+11}IND_i+\sum_{i=1}^{5}\beta_{i+20}YEAR_i+\varepsilon_{i,t} \quad (4.22)$$

4.4 数据分析工具与研究方法

4.4.1 数据分析工具

由前一章所提的理论假设以及本章所构建的研究模型可以看出，关于多元化经营、政治关联与企业绩效三者之间关系的研究属于多变量分析，而回归分析是对多变量分析最常用的方法。本书在分析过程中主要采用面板数据进行回归分析，因为面板数据在一定程度上能够有效地克服变量之间存在的多重共线性问题，并且，面板数据通常包含许多的数据点，使自由度的数值变得很大，同时又能使短期时间序列动态模型的准确性得到有效提高（姜付秀，2006）。在多元回归分析之前，要进行描述性统计分析。由于企业在发展过程中路径依赖导致的惯性，企业当期的绩效很有可能会影响到下一个时期的绩效，为了减少这种相关性，在构建的计量模型中的解释变量中加入被解释变量的一阶滞后项，形成动态面板数据模型。本书所有计算和统计使用的是Stata14.0软件。

4.4.2 研究方法选择

通过设计的检验模型看到，本书所用的数据属于动态面板数据，解释变量中包含被解释变量的一阶滞后项，使解释变量可能产生内生性问题，导致了解释变量与随机扰动项之间具有相关性。在对模型进行检验时，无论使用OLS①、固定效应模型或随机效应模型，计算的统计量具有有偏性和非一致性，使得模型中各参数的经济含义发生严重扭曲。动态面板模型的基本形式为：

$$y_{it}=\alpha+\rho y_{i,t-1}+\mu_i+\varepsilon_{it} \qquad (t=2,\cdots,T) \quad (4.23)$$

则其离差形式为：

$$y_{it}-\bar{y}_i=\rho(y_{i,t-1}-L\bar{y}_i)+(\varepsilon_{it}-\bar{\varepsilon}_i) \qquad (t=2,\cdots,T) \quad (4.24)$$

① 最小二乘法（Ordinary Lesat Square，简称OLS）是单一方程线性回归模型最常见、最基本的估计方法。

其中，$\bar{y}_i \equiv \frac{1}{T-1}\sum_{t=2}^{T} y_{it}$；$Ly_i \equiv \frac{1}{T-1}\sum_{t=2}^{T} y_{i,t-1}$；$\bar{\varepsilon}_i \equiv \frac{1}{T-1}\sum_{t=2}^{T} \varepsilon_{it}$ 为时间平均值。显然，由于 Ly_i 中包含了 $\{y_{i2},\cdots,y_{i,T-1}\}$ 的信息，而 $\{y_{i2},\cdots,y_{i,T-1}\}$ 与 $(\varepsilon_{it}-\bar{\varepsilon}_i)$ 相关，从而 Ly_i 与 $(\varepsilon_{it}-\bar{\varepsilon}_i)$ 相关。所以，导致 FE 不一致的，称之为"动态面板偏差"。更一般地讲，考虑以下动态面板模型：

$$y_{it} = \alpha + \rho y_{i,t-1} + x_{it}'\beta + z_i'\delta\mu_i + \varepsilon_{it} \quad (t = 2,\cdots,T) \tag{4.25}$$

先作一阶差分以消去个体效应 μ_i，得到：

$$\Delta y_{it} = \alpha + \rho\Delta y_{i,t-1} + \Delta x_{it}'\beta + \Delta\varepsilon_{it} \quad (t = 2,\cdots,T) \tag{4.26}$$

然而，由于 $y_{i,t-1}$ 与 $\varepsilon_{i,t-1}$ 相关，$\Delta y_{i,t-1} \equiv y_{i,t-1} - y_{i,t-2}$ 必然与 $\Delta\varepsilon_{i,t} \equiv \varepsilon_{i,t} - \varepsilon_{i,t-1}$ 相关。因此，$\Delta y_{i,t-1}$ 为内生变量，需要寻找适当的工具变量才能得到一致估计。为此，Anderson & Hsiao（1981）提出，用 $y_{i,t-2}$ 作为 $\Delta y_{i,t-1}$ 的工具变量，被称为"Anderson – Hsiao 估计量"。然而，发现在 $\{\varepsilon_{it}\}$ 不存在自相关的前提下，更高阶的滞后变量也是有效的工具变量，而 Anderson – Hsiao 估计量未加以利用，故不是最有效率的。Arellano & Bond（1991）使用所有可能的滞后变量作为工具变量，进行 GMM① 估计，这就是"Arellano – Bond 估计量"，又被称为"差分 GMM"。

当然，作差分也会带来一些问题，如不随时间变化的变量 z_i 被消掉了，故差分 GMM 无法估计 z_i 的系数；$y_{i,t-2}$ 与 $\Delta y_{i,t-1}$ 的相关性可能很弱，特别当 $\{y_{it}\}$ 接近随机游走时，导致弱工具变量问题。为了解决这两个问题，一方面，Arellano & Bover（1995）重新回到进行差分之前的方程 $y_{it} = \alpha + \rho y_{i,t-1} + x_{it}'\beta + z_i'\delta\mu_i + \varepsilon_{it} \quad (t = 2,\cdots,T)$，并使用 $\{\Delta y_{i,t-1},\Delta y_{i,t-2},\cdots\}$ 作为 $y_{i,t-1}$ 的工具变量。显然，两者是相关的。另一方面，如果 $\{\varepsilon_{it}\}$ 不存在自相关，则 $E(\Delta y_{i,t-s}\varepsilon_{it}) = E(y_{i,t-s}\varepsilon_{it}) - E(y_{i,t-s}\varepsilon_{it}) = 0 - 0 = 0,\ s \geqslant 1$；但必须假设 $\{\Delta y_{i,t-1},\Delta y_{i,t-2},\cdots\}$ 与个体效应 μ_i 不相关，才能保证这些工具变量与复合扰动项 $(\mu_i + \varepsilon_{it})$ 不相关。假定 $|\rho| < 1$，则 $\{y_{it}\}$ 将趋于某均衡点 y_i^*（y_i^* 取决于 μ_i），而"$\{\Delta y_{i,t-1},\Delta y_{i,t-2},\cdots\}$ 与 μ_i 不相关"的假设意味着趋于均衡点的速度 $\{\Delta y_{i,t-1},\Delta y_{i,t-2},\cdots\}$ 与固定效应 μ_i 无关。因此，在整个样本期间，$\{y_{it}\}$ 应该在均衡点 y_i^* 附近，才能保证这个假定成立。在以上条件均满足的情况下，可以使用 $\{\Delta y_{i,t-1},\Delta y_{i,t-2},\cdots\}$ 作为工具变量对水平方程进行 GMM 估计。这被称为"水平 GMM"。

Blundell & Bond（1998）则将差分 GMM 和水平 GMM 结合在一起，将差分方程与水平方程作为一个方程系统进行 GMM 估计，称为"系统 GMM"。系统 GMM 的优点是可以提高估计的效率，并且可以估计不随时间变化的变量 z_j

① generalized method of moments，简记为 GMM，指广义矩估计。

的系数，也更适用于动态面板数据的估计（王永进、盛丹、施炳展等，2010）。系统 GMM 方法可以分为一步法与两步法估计，各有利弊，一步法更容易受到异方差的干扰，两步法估计的标准差存在向下偏倚。如果模型中存在异方差，可以利用两步法，并采用 Windmeijer（2005）的方法矫正偏差。如果模型中不存在异方差性，可以利用一步法进行估计。

4.5 本章小结

本章主要进行实证设计，属于第 3 章理论基础与研究假设到第 5 章实证研究结果及分析之间的过渡章节，首先，介绍了样本筛选过程中应当遵循的原则、数据的收集途径、数据的处理方法。其次，对自变量、因变量、调节变量及控制变量进行了详细的说明，在对变量指标的选择上，严格依据以往文献的研究方法和指标选取的方式，保证指标来源的可靠。为了保证实证结果的准确性，在对民营上市公司高管任职情况收集时，采用多个数据库交叉对比，并利用网络核对。再次，根据研究假设，对检验模型进行了设计。最后，介绍了实证过程中所运用的分析工具和研究方法。

第5章 实证研究结果及分析

5.1 样本特征

本书通过对我国2008—2013年间在沪深两市上市的所有民营企业按照标准进行筛选，共得到合格样本1602个。依据《全球行业分类标准》中对行业的划分标准，1602家样本企业主要分布在10个一级行业组，20个二级行业组，45个三级行业组及68个四级行业组中。有关样本上市公司在各个行业分布的情况及一些基本特征详见表5－1所示。

表5－1显示，在2008—2013年间，我国民营上市公司中具有政治关联的企业数量占到65%以上，在2011年甚至达到68.73%，接近70%，如此高的比例远超一些欧美国家的企业。统计数据一方面表明，将近2/3的民营上市公司利用各种手段与政府之间建立直接或间接的联系；另一方面也表明我国经济处于转型时期，民营上市公司非常重视与政府之间建立良好的政企关系。并且，在样本时间段里，这一比例比较稳定，如果企业建立的是“代表委员类”的政治关联，人大代表、政协委员的任期都为5年时间，2008年恰好是第十一届全国人大任期的第一年；如果建立的是“政府官员类”的政治关联，政府官员任期也是四年，有些时间更长。因此，民营企业一旦建立政治关联，相对比较稳定，轻易不会发生改变。

多元化数据分析结果表明，我国民营上市公司行业多元化程度相对较高，在2008—2013年间，行业多元化程度大于均值的接近50%，个别年份甚至超过了50%，而地域多元化程度大于均值的占到了40%，相比较而言，低于行业多元化，这说明企业在进行多元化经营选择时，选择跨行业纵向成长战略的企业比选择跨地域横向成长战略的企业数多。从表5-2多元化情况可以看出，2008—2013年间同时实施行业多元化与地域多元化的企业比例均超过45%，个别年份接近50%，说明企业在实施行业多元化的同时，也不断通过地域多元化扩大经营范围，达到企业发展的目的。另外，从表5-1民营上市公司所分布的行业来看，主要集中在资本货物、材料、房地产、制药与生物科技、耐用消费品与服装、技术硬件与设备等，相反，民营上市公司进入较少的行业有能源、电信服务和公用事业三个行业，甚至在2008—2010年间，电信行业民营上市公司进入数为0。这样的行业分布特征与民营上市公司实际情况相符，目前，我国民营上市公司进入的行业主要集中在行业壁垒较低、市场化竞争比较开放的行业，而对于一些政府管制性行业，民企上市公司很难进入，尤其是公用事业行业、电信行业等关系到国计民生的基础性行业。

5.2 描述性统计

对本书所涉及的自变量、因变量、调节变量及重要的控制变量进行描述性统计分析，结果见表5-3。表中将各个变量的平均值、标准差、极大值和极小值一一列出，从中可以初步判断出样本公司相关研究变量的大致分布情况。

从表5-3中可以看出，2008—2013年间我国民营上市公司中政治关联广度极小值为0，极大值为0.5833，平均值是0.1186，由于目前我国上市公司董事会及高管团队大部分由10—15名成员组成，从平均数可以看出，每家上市公司的董事会及高管团队中，有不到2名人员具有政府背景，表明在我国民营上市公司中政治关联现象具有普遍性，并且极大值达到0.5833，说明有些企业董事会及高管团队中有接近一半的人员具有政治关联。政治关联深度极小值为0，极大值为33，平均值是4.7041，可以看出，最大值与最小值相差有些悬殊，深度达到33分的企业所处的年度，往届或应届全国人大代表、政协委员人数就高达3人，还有其他高管担任省人大代表，该公司政治关联广度也高达44.44%，可见民营上市公司通过与政府建立良好的政企关系来规避制度不确定性带来的风险，这一做法被大部分民营企业所采用。行业多元化程度极小值为0，极大值为1.8795，平均值是0.4666，地域多元化程度极小值为0，极大值为0.9659，平均值是0.2626，说明各个企业之间实施多元化程度差距相对较大。另外，表5-3同时显示企业短期绩效与长期成长性方

表 5－1　　样本总体特征与行业分布情况汇总表　　单位：家，%

变量和行业分布			2008 年		2009 年		2010 年		2011 年		2012 年		2013 年	
			企业数	百分比	企业数	百分比	企业数	百分比	企业数	百分比	企业数	百分比	企业数	百分比
政治关联		有	156	66.10	181	67.29	180	68.44	189	68.73	196	68.29	185	68.01
		无	80	33.90	88	32.71	83	31.56	86	31.27	91	31.71	87	31.99
合　计			236	100	269	100	263	100	275	100	287	100	272	100
行业多元化程度		0	67	28.39	82	30.48	75	28.52	81	29.45	83	28.92	82	30.15
		介于 0 与均值之间	44	18.64	53	19.70	55	20.91	62	22.55	61	21.25	54	19.85
		大于均值	125	52.97	134	49.82	133	50.57	132	48.00	143	49.83	136	50.00
合　计			236	100	269	100	263	100	275	100	287	100	272	100
地域多元化程度		0	108	45.76	119	44.24	126	47.91	135	49.09	133	46.34	127	46.69
		介于 0 与均值之间	19	8.05	24	8.92	18	6.84	27	9.82	31	10.80	31	11.40
		大于均值	109	46.19	126	46.84	119	45.25	113	41.09	123	42.86	114	41.91
合　计			236	100	269	100	263	100	275	100	287	100	272	100
所处行业分类（经济部门和行业组名称）	能源	能源	4	1.69	5	1.86	6	2.28	7	2.55	5	1.74	4	1.47
	材料	材料	36	15.25	41	15.24	42	15.97	38	13.82	42	14.63	36	13.24
	工业	资本货物	45	19.07	48	17.84	45	17.11	47	17.09	47	16.38	44	16.18
		商业服务与用品	1	0.42	1	0.37	1	0.38	1	0.36	1	0.35	1	0.37
		运输	4	1.69	4	1.49	3	1.14	2	0.73	2	0.70	1	0.37
	可选消费	汽车与汽车零部件	7	2.97	8	2.97	8	3.04	8	2.91	11	3.83	11	4.04
		耐用消费品与服装	20	8.48	23	8.55	24	9.13	28	10.18	26	9.06	24	8.82
		酒店、餐馆与休闲	2	0.85	3	1.12	2	0.76	2	0.73	2	0.70	2	0.74
		零售业	13	5.51	16	5.95	16	6.08	16	5.82	15	5.23	14	5.15
	日常消费	食品与主要用品零售	1	0.42	2	0.74	2	0.76	2	0.73	3	1.05	2	0.74
		食品、饮料与烟草	11	4.66	16	5.95	16	6.08	18	6.55	20	6.97	19	6.99
		家庭与个人用品	2	0.85	3	1.12	3	1.14	3	1.09	2	0.70	2	0.74
	医疗保健	医疗保健设备与服务	2	0.85	2	0.74	2	0.76	2	0.73	2	0.70	2	0.74
		制药与生物科技	28	11.86	30	11.15	23	8.75	27	9.82	30	10.45	30	11.03

续表

变量和行业分布			2008年		2009年		2010年		2011年		2012年		2013年	
			企业数	百分比	企业数	百分比	企业数	百分比	企业数	百分比	企业数	百分比	企业数	百分比
所处行业分类（经济部门和行业组名称）	金融	房地产	31	13.14	34	12.64	39	14.83	43	15.64	46	16.03	45	16.54
	信息技术	软件与服务	6	2.54	7	2.60	8	3.04	7	2.55	7	2.44	7	2.57
		技术硬件与设备	15	6.36	17	6.32	13	4.94	14	5.09	17	5.92	18	6.62
		半导体与半导体生产设备	4	1.69	4	1.49	4	1.52	3	1.09	3	1.05	3	1.10
	电信服务	电信服务	0	0	0	0	0	0	1	0.36	1	0.35	1	0.37
	公用事业	公用事业	4	1.69	5	1.86	6	2.28	5	2.18	5	1.74	6	2.21
合　计			236	100	269	100	263	100	275	100	287	100	272	100

表 5-2　　2008—2013 年间民营企业多元化汇总表　　单位：家

多元化 / 年份	行业多元化		地域多元化		两者兼具
	是	否	是	否	
2008	169	67	132	104	107
2009	187	82	150	119	118
2010	188	75	139	124	114
2011	194	81	139	136	108
2012	204	83	153	134	117
2013	190	82	142	130	107
合计	1132	470	855	747	——

资料来源：笔者基于 Stata 软件计算整理。

面的指标及控制变量的极大值、极小值、平均值、标准差。从反映企业绩效指标结果可以看出，个别指标的极大值与极小值差距较大，如营业利润增长率的极大值为 239. 9823，极小值为 -324. 7320，说明样本数据中存在异常值。为了防止异常值影响结果的正确性，在回归分析时，对企业绩效及控制变量中的连续变量进行上下各 1% 的 Winsorized 缩尾处理。

表 5-3　　各研究变量的描述性统计结果

变量名称	变量符号	平均值	标准差	极大值	极小值
行业多元化	*EI*	0. 4666	0. 4156	1. 8795	0
地域多元化	*HI*	0. 2626	0. 2908	0. 9659	0
政治关联广度	*pcb*	0. 1186	0. 1195	0. 5833	0
政治关联深度	*pcd*	4. 7041	5. 0839	33	0
总资产收益率	*roa*	0. 0316	0. 0914	0. 4660	-1. 5424
净资产收益率	*roe*	0. 0842	0. 8705	29. 3711	-9. 2439
每股营业利润	*opps*	0. 2725	0. 5230	6. 1296	-3. 0901
每股营业收入	*ttmps*	4. 7408	6. 2465	89. 8184	0. 0028
每股收益	*ebitps*	0. 2734	0. 5249	7. 7283	-3. 4082
每股净资产	*navps*	2. 9946	1. 9476	24. 0797	-4. 2129
营业利润率	*opr*	-0. 0114	1. 7134	13. 9709	-59. 1524
总资产增长率	*tagr*	0. 2104	1. 1111	26. 1355	-0. 9034
营业利润增长率	*opgr*	-0. 1797	15. 1417	239. 9823	-324. 7320
资产规模	ln*asset*	21. 3029	0. 9959	25. 1559	17. 1219
资产负债率	*lev*	0. 5155	0. 2971	9. 6988	0. 0091
民营化方式	*way*	0. 5031	0. 5001	1	0
第一大股东持股比例	*sha*	30. 9814	13. 9195	85. 2318	4. 4887
现金流占总资产比例	*caf*	-0. 0026	0. 1096	0. 5123	-0. 4878
董事长与总经理兼任	*presmn*	0. 1735	0. 3788	1	0

资料来源：笔者基于 Stata 软件计算整理。

5.3 绩效指标量化结果

参照“南开大学公司治理评价课题组”（2010）的做法，选取反映短期收益能力方面的七个指标，分别为总资产收益率（roa）、净资产收益率（roe）、每股营业利润（opps）、每股营业收入（ttmps）、每股净利润（ebitps）、每股净资产（navps）和营业利润率（opr）；选取反映长期成长性方面的两个指标，分别为总资产增长率（tagr）和营业利润增长率（opgr）。

由于衡量企业绩效的短期指标与长期指标较多，仅选择一个或者几个指标具有局限性，并且各个指标之间可能具有相关性，不能盲目进行删减，不仅可能损失有用的信息，还可能得出错误结论。因此，本章在对企业短期绩效和长期成长性处理时，借鉴主成分分析法，算出各个指标对总指标的权重并赋值，最终分别得出短期绩效与长期成长性的衡量指标，在这一过程中没有丢失指标信息。

首先，将反映短期收益能力的七个指标进行标准化处理，运用主成分分析法首先得出各个成分的系数矩阵，见表5-4所示，根据表5-4计算每个主成分的值，主成分用 y_i（$i=1, 2, \cdots, 7$）表示，计算公式为：

$$y_1 = 0.4591 \times roa + 0.0453 \times roe + 0.5115 \times opps + 0.2439 \times ttmps + 0.5101 \times ebitps + 0.3852 \times navps + 0.2398 \times opr \quad (5.1)$$

$$y_2 = -0.3464 \times roa + 0.3533 \times roe + 0.0529 \times opps + 0.4494 \times ttmps + 0.1117 \times ebitps + 0.2884 \times navps - 0.6744 \times opr \quad (5.2)$$

$$y_3 = 0.2053 \times roa + 0.8650 \times roe + 0.0645 \times opps - 0.3785 \times ttmps + 0.0397 \times ebitps - 0.2463 \times navps + 0.0017 \times opr \quad (5.3)$$

$$y_4 = 0.0158 \times roa + 0.2986 \times roe - 0.2773 \times opps + 0.7119 \times ttmps - 0.2344 \times ebitps - 0.1390 \times navps + 0.5026 \times opr \quad (5.4)$$

$$y_5 = -0.2181 \times roa + 0.1808 \times roe - 0.2372 \times opps - 0.2881 \times ttmps - 0.1963 \times ebitps + 0.8045 \times navps + 0.3076 \times opr \quad (5.5)$$

$$y_6 = -0.7395 \times roa + 0.0500 \times roe + 0.1924 \times opps - 0.0699 \times ttmps + 0.4821 \times ebitps - 0.2029 \times navps + 0.3676 \times opr \quad (5.6)$$

$$y_7 = -0.1800 \times roa + 0.0246 \times roe + 0.7492 \times opps + 0.0245 \times ttmps - 0.6323 \times ebitps - 0.0067 \times navps + 0.0728 \times opr \quad (5.7)$$

将样本公司的所对应年份的值带入公式中，求得具体的 y_i 值（$i=1, 2, \cdots, 7$）。

表 5－4 短期绩效系数矩阵

变量	成分 1	成分 2	成分 3	成分 4	成分 5	成分 6	成分 7
roa	0.4591	－0.3464	0.2053	0.0158	－0.2181	－0.7395	－0.1800
roe	0.0453	0.3533	0.8650	0.2986	0.1808	0.0500	0.0246
opps	0.5115	0.0529	0.0645	－0.2773	－0.2372	0.1924	0.7492
ttmps	0.2439	0.4494	－0.3785	0.7119	－0.2881	－0.0699	0.0245
ebitps	0.5101	0.1117	0.0397	－0.2344	－0.1963	0.4821	－0.6323
navps	0.3852	0.2884	－0.2463	－0.1390	0.8045	－0.2029	－0.0067
opr	0.2398	－0.6744	0.0017	0.5026	0.3076	0.3676	0.0728

然后得出每个成分的总方差贡献率，具体见表 5－5 所示，根据表 5－5 中的各个成分的方差贡献率，求得具体的短期绩效指标数值，具体公式为：

$$stp = 0.4712y_1 + 0.1748y_2 + 0.1449y_3 + 0.1039y_4 + 0.0721y_5 + 0.0232y_6 + 0.0099y_7 \tag{5.8}$$

表 5－5 短期绩效总方差解释表

成分	特征值	Difference	百分比（%）	累计百分比（%）
1	3.2985	2.0750	47.12	47.12
2	1.2235	0.2094	17.48	64.60
3	1.0141	0.2865	14.49	79.09
4	0.7276	0.2230	10.39	89.48
5	0.5046	0.3423	7.21	96.69
6	0.1623	0.0929	2.32	99.01
7	0.0694	—	0.99	100.00

将求得具体的 y_i 值（$i=1, 2, \cdots, 7$）带入公式（5.8），求出每个样本公司对应年份的短期指标。

同样，将反映长期成长性的两个指标进行标准化处理，运用主成分分析法首先得出各个成分的系数矩阵，见表 5－6 所示，根据表 5－6 计算每个主成分的值，主成分用 y_i（$i=8, 9$）表示，计算公式为：

$$y_1 = -0.7071 \times tagr + 0.7071 \times opgr \tag{5.9}$$

$$y_2 = 0.7071 \times tagr + 0.7071 \times opgr \tag{5.10}$$

将样本公司的所对应年份的值带入公式中，求得具体的 y_i 值（$i=1, 2$）。

表 5－6 长期成长性系数矩阵

变量	成分 1	成分 2
tagr	－0.7071	0.7071
opgr	0.7071	0.7071

然后得出每个成分的总方差贡献率，具体见表 5－7 所示，根据表 5－7 中的各个成分的方差贡献率，求得具体的长期成长性指标数值，具体公式为：

$$ltp = 0.5097y_1 + 0.4903y_2 \tag{5.11}$$

表 5-7　长期成长性总方差解释表

成分	特征值	Difference	百分比（%）	累计百分比（%）
1	1.0195	0.0390	50.97	50.97
2	0.9805	—	49.03	100.00

将求得具体的 y_i 值（$i=1$，2）带入公式（5.11），求出每个样本公司对应年份的长期成长性指标。

5.4 实证研究结果

本书采用系统 GMM 方法进行参数估计，由于系统 GMM 方法不仅能有效地控制变量之间的内生性问题，而且研究数据时间维度 T 与截面维度 n 相比较小，属于短面板数据，并且由于上市时间或退市时间不一致，截面内时期数不一致，属于非平衡面板数据，因此，适合利用系统 GMM 方法进行估计。

在对回归结果进行分析之前，必须先验证工具变量的有效性，使用 Wald 检验，若模型通过显著性检验，则说明研究中所使用的模型对于工具变量所产生的内生性问题都能够有效地控制，在工具变量有效的前提下，与差分 GMM 方法相比，系统 GMM 方法进行估计更加有效。并且，考虑到使用一步系统 GMM 法易受到来自异方差项的干扰，因此，采用两步系统 GMM 法进行回归估计。

5.4.1 多元化经营与企业绩效实证结果

表 5-8 列出了详细的回归分析结果，由于本部分重点研究民营企业多元化经营对企业绩效的影响，所以表中没有列出关于行业和年度虚拟变量的回归系数。

模型（4.3）是短期绩效对行业多元化经营和相关控制变量的回归分析，在控制了资产规模、资产负债率、董事长与总经理是否兼任和企业所处行业、年份等影响因素后，行业多元化程度与短期绩效之间的回归系数是 -0.1388，且在 1% 的水平上显著，这说明行业多元化程度对短期绩效存在显著的负向影响，假设 1-1 未得到验证。在控制变量中，资产规模、第一大股东持股比例、现金流占总资产比例三个变量与短期绩效在 1% 的水平上显著正相关，资产负债率、民营化方式、董事长与总经理是否兼任三个变量分别在 1%、5% 和 1% 的水平上显著负相关，行业虚拟变量与时间虚拟变量均通过显著性检验，仅企业年龄的对数没有通过显著性检验。并且，从前期的短期绩效作为自变量对当期的短期绩效具有显著正向影响，由此可见，选择动态面板数据模型具有合理性。通过对回归方程的扰动项[①]进行二阶自相关检验（AR（2）），检验结果显示扰动项的差分仅存在一阶自相关性，并不存在二阶自相关性，说明可以使用系统 GMM 估计法对回归方程进行估计。然后，对模型中工具变量的有效性进行检验（sargan test），结果表明，选择将1阶滞后项作为内生变量的工具项是有效的，它们与扰动项不相关。最后，使用 Wald 检验，从所得到的 p 值可以看出，模型通过显著性检验，这充分说明研究中所使用的模型，对于工具变量所产生的内生性问题都能够有效地控制。

模型（4.4）是长期成长性对行业多元化经营和相关控制变量的回归分析，在控制了资产规模、资产负债率、董事长与总经理是否兼任和企业所处行业、年份等影响因素后，行业多元化程度与长期成长性之间的回归系数是-0.2141，且在1%的水平上显著，这说明行业多元化程度对长期成长性存在显著的负向影响，假设1-2得以验证。在控制变量中，资产规模、资产负债率、企业年龄、第一大股东持股比例四个变量与长期成长性在1%的水平上显著正相关，现金流占总资产比例在1%水平上显著负相关，行业虚拟变量与时间虚拟变量均通过显著性检验，仅民营化方式、董事长与总经理是否兼任没有通过显著性检验。并且，从前期的长期成长性作为自变量对当期的长期成长性具有显著负向影响，由此可见，选择动态面板数据模型具有合理性。与模型（4.3）同，需要进行二阶自相关检验（AR（2））、工具变量的有效性检验（sargan test）、Wald 检验，检验结果均证明所使用检验模型的有效性，具体结果见表5-8所示。

模型（4.5）是短期绩效对地域多元化经营和相关控制变量的回归分析，在控制了资产规模、资产负债率、董事长与总经理是否兼任和企业所处行业、年份等影响因素后，地域多元化程度与短期绩效之间的回归系数是-0.2014，且在1%的水平上显著，这说明地域多元化程度对短期绩效存在显著的负向影响，假设1-3得以验证。各控制变量的符号及显著性与模型（4.3）一致，这里不再赘述。与模型（4.3）同，需要进行二阶自相关检验（AR（2））、工具变量的有效性检验（sargan test）、Wald 检验，检验结果均证明所使用检验模型的有效性，具体结果见表5-8所示。

模型（4.6）是长期成长性对地域多元化经营和相关控制变量的回归分析，在控制了资产规模、资产负债率、董事长与总经理是否兼任和企业所处行业、年份等影响因素后，地域多元化程度与长期成长性之间的回归系数是0.1691，且在1%的水平上显著，这说明地域多元化程度对长期成长性存在显著的正向影响，假设1-4得以验证。各控制变量的符号及显著性与模型

① 作为一致估计，差分 GMM 能够成立的前提是，扰动项 $\{\varepsilon_{it}\}$ 不存在自相关，对此要进行检验。

(4.4) 一致，这里不再赘述。与模型 (4.3) 同，需要进行二阶自相关检验 (AR (2))、工具变量的有效性检验 (sargan test)、Wald 检验，检验结果均证明所使用检验模型的有效性，具体结果见表5-8所示。

表5-8 多元化与企业绩效的回归结果

被解释变量	stp 模型 (4.3) 系数 (*p* 值)	ltp 模型 (4.4) 系数 (*p* 值)	stp 模型 (4.5) 系数 (*p* 值)	ltp 模型 (4.6) 系数 (*p* 值)
L. stp	0.2154 *** (0.0000)		0.2135 *** (0.0000)	
L. ltp		-0.1948 *** (0.0000)		-0.1927 *** (0.0000)
EI	-0.1388 *** (0.0011)	-0.2141 *** (0.0000)		
HI			-0.2014 *** (0.0012)	0.1691 *** (0.0001)
ln*asset*	0.9023 *** (0.0000)	1.1471 *** (0.0000)	0.8907 *** (0.0000)	1.1441 *** (0.0000)
lev	-3.3361 *** (0.0000)	0.4590 *** (0.0000)	-3.4113 *** (0.0000)	0.3303 *** (0.0000)
way	-0.1983 ** (0.0284)	-0.0201 (0.7961)	-0.1633 * (0.0704)	-0.0178 (0.8550)
sha	0.0242 *** (0.0000)	0.0300 *** (0.0000)	0.0242 *** (0.0000)	0.0307 *** (0.0000)
caf	0.7617 *** (0.0000)	-1.2989 *** (0.0000)	0.7020 *** (0.0000)	-1.3221 *** (0.0000)
presmn	-0.2354 *** (0.0000)	-0.0181 (0.5979)	-0.2029 *** (0.0000)	0.0280 (0.4145)
ln*age*	-0.0240 (0.7764)	0.8182 *** (0.0000)	-0.0624 (0.4813)	0.7653 *** (0.0000)
IND	控制	控制	控制	控制
YEAR	控制	控制	控制	控制
Constant	-16.5169 *** (0.0000)	-27.4107 *** (0.0000)	-16.0089 *** (0.0000)	-27.3343 *** (0.0000)
AR (1) 检验	-4.0220 *** (0.0001)	-1.7131 * (0.0867)	-3.774 *** (0.0002)	-1.7181 * (0.0858)
AR (2) 检验	0.95085 (0.3417)	-1.1649 (0.2441)	1.1596 (0.2462)	-1.1115 (0.2664)
sargan test	222.1397 (0.7008)	226.7754 (0.6204)	222.0533 (0.7023)	227.5728 (0.6060)
方程 Wald 检验	290555.37 *** Prob = 0.0000	151836.94 *** Prob = 0.0000	119058.52 *** Prob = 0.0000	208785.50 *** Prob = 0.0000

资料来源：笔者基于 Stata 软件计算整理。

注：限于篇幅，表中没有报告具体行业及年份虚拟变量的结果；括号内的数字为回归系数的 *p* 值；***、** 和 * 分别表示在1%、5%和10%的水平上显著；“*L*”为变量的滞后一期值。

5.4.2　多元化经营、政治关联与企业绩效实证结果

在模型（4.3）—模型（4.6）的基础上，将政治关联广度和深度两个变量加入到模型中，初步考察在多元化经营与企业绩效之间的关系上，政治关联是否发挥调节作用。表5－9表明行业多元化、政治关联与企业绩效三者之间的关系，从中可以看出，分别加入政治关联广度和深度后，行业多元化经营与短期绩效关系模型的Wald系数增加，模型变得更加稳定。行业多元化经营与短期绩效之间的系数由－0.1388（p值小于0.01）分别增加到－0.0938（p值小于0.05）、－0.0872（p值小于0.05），显著性明显降低，结果初步判定，政治关联广度和深度在一定程度上对行业多元化经营与短期绩效之间起到调节作用。当研究行业多元化经营与长期成长性关系时，分别加入政治关联广度和深度后，关系模型的Wald系数增加，模型变得更加稳定。行业多元化经营与长期成长性之间的系数显著性没有发生变化，但是数值由－0.2141（p值小于0.01）分别减小到－0.2194（p值小于0.01）、－0.2198（p值小于0.01），结果表明，政治关联广度和深度在一定程度上对行业多元化经营与长期成长性之间起到调节作用。

表5－10表明地域多元化、政治关联与企业绩效三者之间的关系，从中可以看出，分别加入政治关联广度和深度后，地域多元化经营与短期绩效关系模型的Wald系数增加，模型变得更加稳定。地域多元化经营与短期绩效之间的系数显著性没有发生变化，但是数值由－0.2014（p值小于0.01）分别减小到－0.2531（p值小于0.01）、－0.3150（p值小于0.05），可以初步判定，政治关联广度和深度在一定程度上对地域多元化经营与短期绩效之间具有调节作用。当研究地域多元化经营与长期成长性关系时，分别加入政治关联广度和深度后，关系模型的Wald系数增加，模型变得更加稳定。地域多元化经营与长期成长性之间的系数显著性没有发生变化，但是数值由0.1691（p值小于0.01）分别减小到0.1318（p值小于0.01）、增加到0.2050（p值小于0.05），结果表明，政治关联广度和深度在一定程度上对地域多元化经营与长期成长性之间具有调节作用。

表5－9　　行业多元化、政治关联与企业绩效之间的回归结果

解释变量	stp	ltp	stp	ltp
	模型（4.7）	模型（4.8）	模型（4.9）	模型（4.10）
	系数（p值）	系数（p值）	系数（p值）	系数（p值）
L. stp	0.2203*** （0.0000）	－0.1900*** （0.0000）	0.2267*** （0.0000）	－0.1938*** （0.0000）

续表

解释变量	stp	ltp	stp	ltp
	模型（4.7）	模型（4.8）	模型（4.9）	模型（4.10）
	系数（*p* 值）	系数（*p* 值）	系数（*p* 值）	系数（*p* 值）
pcb	-1.3059 *** (0.0000)	0.4982 *** (0.0001)		
pcd			-0.0318 *** (0.0000)	0.0073 *** (0.0099)
EI	-0.0938 ** (0.0299)	-0.2194 *** (0.0000)	-0.0872 ** (0.0185)	-0.2198 *** (0.0000)
ln*asset*	0.8942 *** (0.0000)	1.1353 *** (0.0000)	0.9073 *** (0.0000)	1.1422 *** (0.0000)
lev	-3.3297 *** (0.0000)	0.4182 *** (0.0000)	-3.2804 *** (0.0000)	0.4732 *** (0.0000)
way	-0.1994 ** (0.0480)	-0.0138 (0.8593)	-0.1713 * (0.0515)	0.0680 (0.3489)
sha	0.0290 *** (0.0000)	0.0297 *** (0.0000)	0.0268 *** (0.0000)	0.0307 *** (0.0000)
caf	0.7091 *** (0.0000)	-1.3239 *** (0.0000)	0.6418 *** (0.0000)	-1.2793 *** (0.0000)
presmn	-0.1900 *** (0.0000)	0.0041 (0.9067)	-0.2308 *** (0.0000)	-0.0079 (0.8116)
ln*age*	0.0050 (0.9513)	0.7864 *** (0.0000)	-0.0531 (0.5204)	0.8185 *** (0.0000)
IND	控制	控制	控制	控制
YEAR	控制	控制	控制	控制
Constant	-16.7644 *** (0.0000)	-27.0898 *** (0.0000)	-16.7972 *** (0.0000)	-27.3692 *** (0.0000)
AR（1）检验	-3.7477 *** (0.0002)	-4.3303 *** (0.0000)	-3.7275 *** (0.0002)	-4.1749 *** (0.0000)
AR（2）检验	1.2188 (0.2229)	-.54459 (0.5860)	1.1853 (0.2359)	-.47975 (0.6314)
sargan test	219.2499 (0.6667)	235.2832 (0.3737)	216.7687 (0.7091)	233.0797 (0.4127)
方程 Wald 检验	125053.47 *** Prob = 0.0000	219683.28 *** Prob = 0.0000	845893.93 *** Prob = 0.0000	133506.25 *** Prob = 0.0000

资料来源：笔者基于 Stata 软件计算整理。

注：限于篇幅，表中没有报告具体行业及年份虚拟变量的结果；括号内的数字为回归系数的 *p* 值；*** 、** 和 * 分别表示在 1%、5% 和 10% 的水平上显著；"*L*" 为变量的滞后一期值。

表 5-10　地域多元化、政治关联与企业绩效之间的回归结果

解释变量	stp 模型（4.11） 系数（p值）	ltp 模型（4.12） 系数（p值）	stp 模型（4.13） 系数（p值）	ltp 模型（4.14） 系数（p值）
L. ltp	0.2167 *** (0.0000)	-0.1891 *** (0.0000)	0.2227 *** (0.0000)	-0.1762 *** (0.0000)
pcb	-1.1434 *** (0.0000)	0.4542 *** (0.0004)		
pcd			-0.0324 *** (0.0000)	0.0093 *** (0.0024)
HI	-0.2531 *** (0.0000)	0.1318 *** (0.0014)	-0.3150 *** (0.0000)	0.2050 *** (0.0004)
ln*asset*	0.9069 *** (0.0000)	1.1380 *** (0.0000)	0.9272 *** (0.0000)	0.8233 *** (0.0000)
lev	-3.3247 *** (0.0000)	0.4026 *** (0.0000)	-3.3725 *** (0.0000)	0.6323 *** (0.0000)
way	-0.1734 * (0.0872)	-0.0444 (0.6714)	-0.1125 (0.2199)	0.3262 *** (0.0031)
sha	0.0290 *** (0.0000)	0.0293 *** (0.0000)	0.0266 *** (0.0000)	0.0346 *** (0.0000)
caf	0.6961 *** (0.0000)	-1.3534 *** (0.0000)	0.6507 *** (0.0000)	-1.2521 *** (0.0000)
presmn	-0.1519 *** (0.0009)	0.0495 (0.1513)	-0.1824 *** (0.0000)	-0.0966 ** (0.0416)
ln*age*	0.0888 (0.3137)	0.7481 *** (0.0000)	0.0226 (0.7943)	-0.6112 *** (0.0000)
IND	控制	控制	控制	控制
YEAR	控制	控制	控制	控制
Constant	-17.1886 *** (0.0000)	-27.1583 *** (0.0000)	-17.1691 *** (0.0000)	-17.9861 *** (0.0000)
AR（1）检验	-3.7801 *** (0.0002)	-4.2344 *** (0.00000	-3.7568 *** (0.0002)	-4.9003 *** (0.0000)
AR（2）检验	1.2039 (0.2286)	-.73375 (0.4631)	1.1764 (0.2394)	-.28274 (0.7774)
sargan test	215.4602 0.7305	230.4783 (0.4601)	214.6109 0.7440	223.8305 (0.4718)
方程 Wald 检验	210958.32 *** Prob = 0.0000	480490.64 *** Prob = 0.0000	977024.95 *** Prob = 0.0000	190679.49 *** Prob = 0.0000

资料来源：笔者基于 Stata 软件计算整理。

注：限于篇幅，表中没有报告具体行业及年份虚拟变量的结果；括号内的数字为回归系数的 *p* 值；*** 、** 和 * 分别表示在 1%、5% 和 10% 的水平上显著；“*L*”为变量的滞后一期值。

5.4.3　政治关联对多元化经营与企业绩效关系的调节作用实证结果

上一节的实证结果初步表明政治关联在多元化经营与企业绩效之间具有一定的调节作用，本节将用详细的方法进行证明。对于调节作用的验证，主要有多元调节回归分析和分组回归分析两种方法。本节主要利用多元调节回归分析（moderated multiple regression，MMR），验证政治关联对多元化经营与企业绩效关系的调节作用。罗胜强、姜嬿（2010）指出通常情况下建议使用多元调节回归分析方法，除非特殊情况，如特别的实验设计、重复量度设计等，才使用分组回归分析方法。在用回归的方法检验调节作用时，一个重要的步骤是把自变量和调节变量中的连续变量进行中心化①（或标准化②）处理，在此基础上，将中心化（或标准化）处理后的自变量和调节变量进行乘积，得到交互项，然后，把自变量、因变量（这里使用未中心化或标准化的自变量和因变量）和交互项都放到多元层级回归方程中，就可以检验交互作用了。具体模型如下所示③：

$$Y = \beta_0 + \beta_1 X_1 + \beta_2 X_2 + \beta_3 \overline{X_1} \times \overline{X_2} \tag{5.12}$$

X_1对 Y 的影响是 β_1，X_2对 Y 的影响是 β_2，β_1和 β_2主要表示主效应的影响程度，β_3表示的是交互项的影响程度，即交互作用或者调节作用。之所以可以用经过中心化（或标准化）处理后的自变量和调节变量的乘积项来表示交互作用或者调节作用，主要是通过对公式（5.12）中的 Y 对 X_2求偏导数，可以得到：

$$\frac{\partial \hat{Y}}{\partial X_2} = \beta_2 + \beta_3 X_1 \tag{5.13}$$

换言之，从公式（5.13）清楚地得出，X_2对 Y 的作用程度主要取决于 X_1的值，正好与调节变量和交互变量的定义相吻合，因此，两种作用的检验方法是一致的。如果交互项的系数 β_3 显著，说明调节作用或者交互作用存在。

通常情况下，将交互作用分为干扰型和增强型两种类型。对于干扰型的交互作用，随着 X_2 变大，X_1 对 Y 的正向影响逐渐减弱；对于增强型交互作用，随着 X_2 变大，X_1 对 Y 的正向影响越来越强。同理，可以用上述的方法求得 X_1 对于 X_2 与 Y 的关系属于干扰型或增强型。

---

① 本书对自变量与调节变量主要采用中心化处理。

② 一般采用 z 分数。

③ X_1为调节变量，X_2为自变量；$\overline{X_1}$ 和$\overline{X_2}$ 为中心化或标准化后的值。

从 $\frac{\partial \hat{Y}}{\partial X_2} = \beta_2 + \beta_3 X_1$ 我们可以看到，X_2 对 Y 的线性关系的斜率为 $\beta_2 + \beta_3 X_1$。因此，交互作用属于增强型或干扰型，主要取决于 β_2 和 β_3 的大小和正负。

表5-11、表5-12报告了详细的回归结果，为了使政治关联在多元化经营与企业绩效之间调节效应的类型更加明显，在表的基础上，绘制了图形，详见图5-1至图5-8。

模型（4.15）主要考察政治关联广度对行业多元化经营与短期绩效的调节影响，从表5-11可以看出，行业多元化经营对短期绩效的系数为-0.0959，且在5%的水平上显著，政治关联的广度与行业多元化的交互项 $pcb \times EI$ 系数为1.4979，调节作用为正，且在5%的水平上显著，说明政治关联广度削弱了行业多元化对短期绩效的负向影响程度，即在民营企业实行一定程度行业多元化经营的条件下，政治关联广度越强，民营企业从政府所汲取的政治资源越丰富，企业的能力也能获得提升，使得企业行业多元化经营的实施与企业能力更加匹配，从而抑制了行业多元化扩张对企业短期绩效的消极作用。因此，假设2-1得到验证。

模型（4.16）主要考察政治关联广度对行业多元化经营与长期成长性的调节影响，从表5-11可以看出，行业多元化经营对长期成长性的系数为-0.2107，且在1%的水平上显著，政治关联的广度与行业多元化的交互项 $pcb \times EI$ 系数为-5.2000，调节作用为负，且在1%的水平上显著，说明政治关联广度增强了行业多元化对长期成长性的负向影响程度，即在民营企业实行一定程度行业多元化经营的条件下，政治关联广度越强，越能增强行业多元化对企业长期成长性的消极影响，假设2-2未得到验证。

模型（4.17）主要考察政治关联深度对行业多元化经营与短期绩效的调节影响，从表5-11可以看出，行业多元化经营对短期绩效的系数为-0.1041，且在1%的水平上显著，政治关联的深度与行业多元化的交互项 $pcd \times EI$ 系数分别为0.0362，调节作用为正，且在10%的水平上显著，说明政治关联深度削弱了行业多元化对短期绩效的负向影响程度，即在民营企业实行一定程度行业多元化经营的条件下，政治关联深度越强，民营企业从政府所汲取的政治资源越丰富，企业的能力也能获得提升，使得企业行业多元化经营的实施与企业能力更加匹配，从而抑制了行业多元化扩张对企业短期绩效的消极作用。因此，假设2-3得到验证。

模型（4.18）主要考察政治关联深度对行业多元化经营与长期成长性的调节影响，从表5-11可以看出，行业多元化经营对长期成长性的系数为-0.2126，且在1%的水平上显著，政治关联的深度与行业多元化的交互项 $pcd \times EI$ 系数为-0.1009，调节作用为负，且在1%的水平上显著，说明政治关联深度增强了行业多元化对长期成长性的负向影响程度，即在民营企业实行一定程度行业多元化经营的条件下，政治关联深度越强，越能增强行业多元化对企业长期成长性的消极影响。因此，假设2-4未得到验证。

模型（4.19）主要考察政治关联广度对地域多元化经营与短期绩效的调节影响，从表5-12可以看出，地域多元化经营对短期绩效的系数为-0.2319，且在1%的水平上显著，政治关联的广度与地域多元化的交互项$pcb \times HI$系数为-6.4213，调节作用为负，且在1%的水平上显著，说明政治关联广度增强了地域多元化对短期绩效的负向影响程度，即在民营企业实行一定程度地域多元化经营的条件下，政治关联广度越强，越能增强地域多元化对短期绩效的消极影响。因此，假设2-5未得到验证。

模型（4.20）主要考察政治关联广度对地域多元化经营与长期成长性的调节影响，从表5-12可以看出，地域多元化经营对长期成长性的系数为0.1233，且在1%的水平上显著，政治关联的广度与地域多元化的交互项$pcb \times HI$系数为4.1072，调节作用为正，且在1%的水平上显著，说明政治关联广度增强了地域多元化对长期成长性的正向影响程度，即在民营企业实行一定程度地域多元化经营的条件下，政治关联广度越强，民营企业从政府所汲取的政治资源越丰富，企业的能力也能获得提升，使得企业地域多元化经营的实施与企业能力更加匹配，从而增强了地域多元化扩张对企业长期成长性的积极作用。因此，假设2-6得到验证。

模型（4.21）主要考察政治关联深度对地域多元化经营与短期绩效的调节影响，从表5-12可以看出，地域多元化经营对短期绩效的系数为-0.2738，且在1%的水平上显著，政治关联的深度与地域多元化的交互项$pcd \times HI$系数为-0.1381，调节作用为负，且在1%的水平上显著，说明政治关联深度增强了地域多元化对短期绩效的负向影响程度，即在民营企业实行一定程度地域多元化经营的条件下，政治关联深度越强，越能增强地域多元化对短期绩效的消极影响。因此，假设2-7未得到验证。

模型（4.22）主要考察政治关联深度对地域多元化经营与长期成长性的调节影响，从表5-12可以看出，地域多元化经营对长期成长性的系数为0.1627，且在1%的水平上显著，政治关联的深度与地域多元化的交互项$pcd \times HI$系数为0.0900，调节作用为正，且在1%的水平上显著，说明政治关联深度增强了地域多元化对长期成长性的正向影响程度，即在民营企业实行一定程度地域多元化经营的条件下，政治关联深度越强，民营企业从政府所汲取的政治资源越丰富，企业的能力也能获得提升，使得企业地域多元化经营的实施与企业能力更加匹配，从而增强了地域多元化扩张对企业长期成长性的积极作用。因此，假设2-8得到验证。

表 5 - 11　　政治关联对行业多元化与企业绩效关系的调节作用

解释变量	stp	ltp	stp	ltp
	模型（4.15）	模型（4.16）	模型（4.17）	模型（4.18）
	系数（*p* 值）	系数（*p* 值）	系数（*p* 值）	系数（*p* 值）
L. stp	0.2072*** （0.0000）		0.2190*** （0.0000）	
L. ltp		-0.1940*** （0.0000）		-0.1933*** （0.0000）
pcb	-1.2501*** （0.0000）	0.7027*** （0.0000）		
pcd			-0.0263*** （0.0000）	0.0042* （0.0888）
EI	-0.0959** （0.0180）	-0.2107*** （0.0000）	-0.1041*** （0.0035）	-0.2126*** （0.0000）
pcb × *EI*	1.4979** （0.0321）	-5.2000*** （0.0000）		
pcd × *EI*			0.0362* （0.0723）	-0.1009*** （0.0000）
ln*asset*	0.9026*** （0.0000）	1.1282*** （0.0000）	0.9101*** （0.0000）	1.1363*** （0.0000）
lev	-3.3075*** （0.0000）	0.4088*** （0.0000）	-3.4164*** （0.0000）	0.4626*** （0.0000）
way	-0.2077** （0.0366）	0.1304** （0.0489）	-0.1628* （0.0622）	0.0933 （0.2895）
sha	0.0292*** （0.0000）	0.0297*** （0.0000）	0.0267*** （0.0000）	0.0300*** （0.0000）
caf	0.6758*** （0.0000）	-1.3463*** （0.0000）	0.6174*** （0.0000）	-1.2898*** （0.0000）
presmn	-0.2043*** （0.0000）	0.0164 （0.6157）	-0.2266*** （0.0000）	-0.0086 （0.7862）
ln*age*	-0.0059 （0.9451）	0.7647*** （0.0000）	-0.0384 （0.6568）	0.8107*** （0.0000）
IND	控制	控制	控制	控制
YEAR	控制	控制	控制	控制
Constant	-16.9380*** （0.0000）	-26.8727*** （0.0000）	-16.7896*** （0.0000）	-27.2519*** （0.0000）
AR（1）检验	-3.7179*** （0.0002）	-1.7143* 0.0865	-3.7423*** （0.0002）	-1.717* （0.0860）
AR（2）检验	1.1987（0.2306）	-1.1273（0.2596）	1.17（0.2420）	-1.1788（0.2385）
sargan test	212.572 （0.7750）	217.5546 （0.6959）	213.0854 （0.7953）	227.6313 （0.5131）
方程 Wald 检验	965139.01*** Prob = 0.0000	84182.95*** Prob = 0.0000	376289.66*** Prob = 0.0000	240450.97*** Prob = 0.0000

资料来源：笔者基于 Stata 软件计算整理。

注：限于篇幅，表中没有报告具体行业及年份虚拟变量的结果；括号内的数字为回归系数的 *p* 值；***、** 和 * 分别表示在 1%、5% 和 10% 的水平上显著；“*L*”为变量的滞后一期值。

表 5－12　政治关联对地域多元化与企业绩效关系的调节作用

解释变量	stp 模型（4.19） 系数（p 值）	ltp 模型（4.20） 系数（p 值）	stp 模型（4.21） 系数（p 值）	ltp 模型（4.22） 系数（p 值）
L. stp	0.2182 *** (0.0000)		0.2262 *** (0.0000)	
L. ltp		－0.1867 *** (0.0000)		－0.1908 *** (0.0000)
pcb	－1.2535 *** (0.0000)	0.4423 *** (0.0016)		
pcd			－0.0397 *** (0.0000)	0.0019 ** (0.0430)
HI	－0.2319 *** (0.0002)	0.1233 *** (0.0030)	－0.2738 *** (0.0000)	0.1627 *** (0.0001)
pcb × HI	－6.4213 *** (0.0000)	4.1072 *** (0.0001)		
pcd × HI			－0.1381 *** (0.0004)	0.0900 *** (0.0003)
ln*asset*	0.9076 *** (0.0000)	1.1441 *** (0.0000)	0.9096 *** (0.0000)	1.1361 *** (0.0000)
lev	－3.3807 *** (0.0000)	0.4218 *** (0.0000)	－3.2725 *** (0.0000)	0.3405 *** (0.0000)
way	－0.1954 ** (0.0396)	－0.0634 (0.5358)	－0.1937 ** (0.0154)	－0.0115 (0.9123)
sha	0.0286 *** (0.0000)	0.0282 *** (0.0000)	0.0269 *** (0.0000)	0.0304 *** (0.0000)
caf	0.7349 *** (0.0000)	－1.3611 *** (0.0000)	0.7285 *** (0.0000)	－1.3197 *** (0.0000)
presmn	－0.1235 *** (0.0047)	0.0083 (0.7507)	－0.1931 *** (0.0000)	0.0223 (0.5322)
ln*age*	0.0921 (0.2525)	0.7045 *** (0.0000)	0.0001 (0.9988)	0.7350 *** (0.0000)
IND	控制	控制	控制	控制
YEAR	控制	控制	控制	控制
Constant	－17.2257 *** (0.0000)	－27.0857 *** (0.0000)	－17.0204 *** (0.0000)	－27.0576 *** (0.0000)
AR（1）检验	－3.7046 *** (0.0002)	－1.7208 * (0.0853)	－3.7344 *** (0.0002)	－1.7217 * (0.0851)
AR（2）检验	1.2465（0.2126）	－1.0685（0.2853）	1.2376（0.2159）	－1.1494（0.2504）
sargan test	213.1285 (0.7667)	220.6175 (0.6426)	213.5575 (0.7603)	226.1331 (0.5412)
方程 Wald 检验	297226.78 *** Prob＝0.0000	62260.52 *** Prob＝0.0000	307955.57 *** Prob＝0.0000	81566.99 *** Prob＝0.0000

资料来源：笔者基于 Stata 软件计算整理。

注：限于篇幅，表中没有报告具体行业及年份虚拟变量的结果；括号内的数字为回归系数的 p 值；***、** 和 * 分别表示在 1%、5% 和 10% 的水平上显著；“*L*” 为变量的滞后一期值。

前面利用实证方法详细分析了政治关联如何在多元化经营与企业绩效之间发挥调节作用，为了更清晰地显示政治关联的这种作用模式，本书特绘制图形。考虑政治关联的广度与深度属于连续变量，需要求出其中位数，然后对低于中位数和高于中位数的两组数据分别进行回归分析，并据此考查了在高政治关联广（深）度与低政治关联广（深）度两种情况下，行业多元化对企业短期绩效和长期成长性的不同作用模式，以及地域多元化对企业短期绩效和长期成长性的不同作用模式，具体形式参见图 5-1 至图 5-8。其中高政治关联广（深）度指的是高于政治关联广（深）度中位数，低政治关联广（深）度指的是低于政治关联广（深）度中位数。

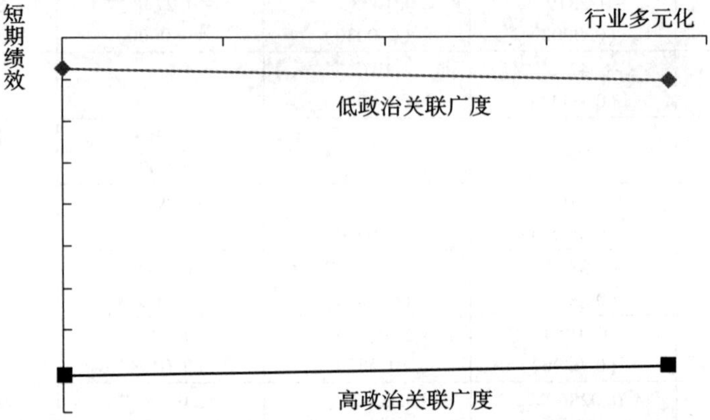

图 5-1　政治关联广度对行业多元化与短期绩效关系的调节作用

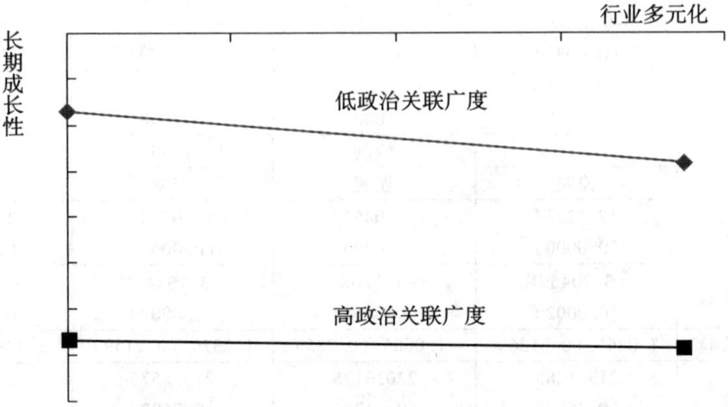

图 5-2　政治关联广度对行业多元化与长期成长性关系的调节作用

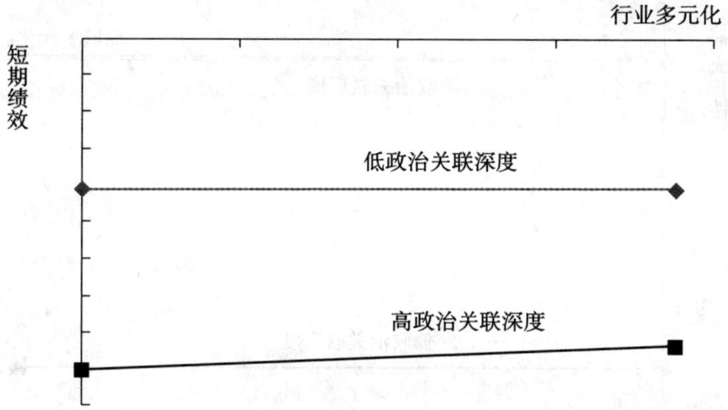

图 5-3　政治关联深度对行业多元化与短期绩效关系的调节作用

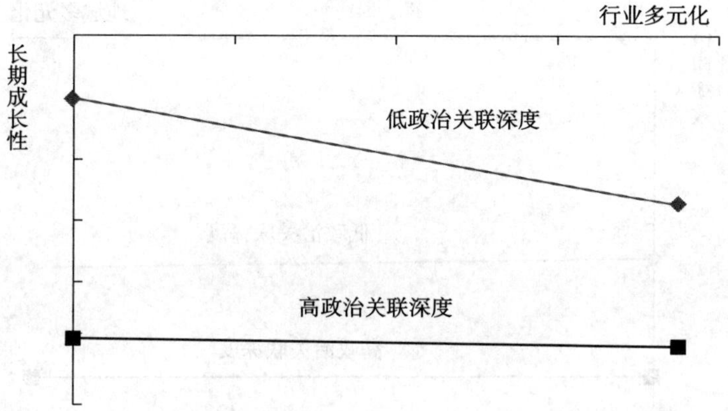

图 5-4　政治关联深度对行业多元化与长期成长性关系的调节作用

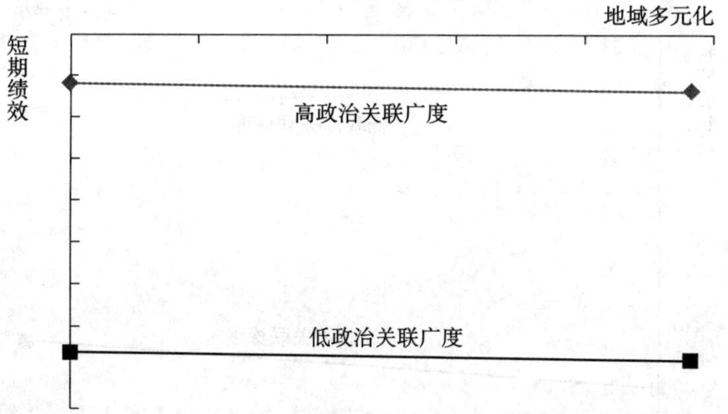

图 5-5　政治关联广度对地域多元化与短期绩效关系的调节作用

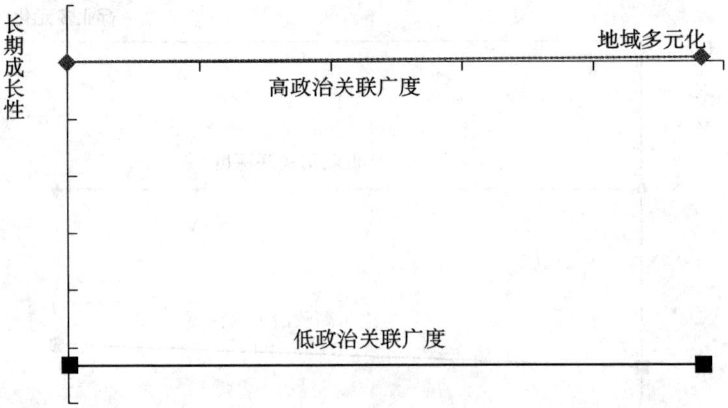

图 5－6　政治关联广度对地域多元化与长期成长性关系的调节作用

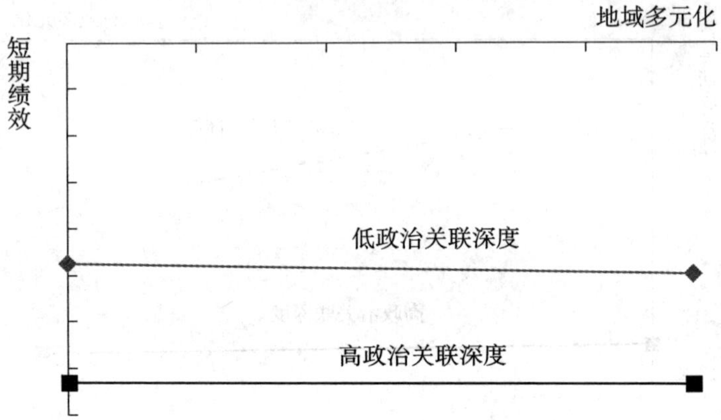

图 5－7　政治关联深度对地域多元化与短期绩效关系的调节作用

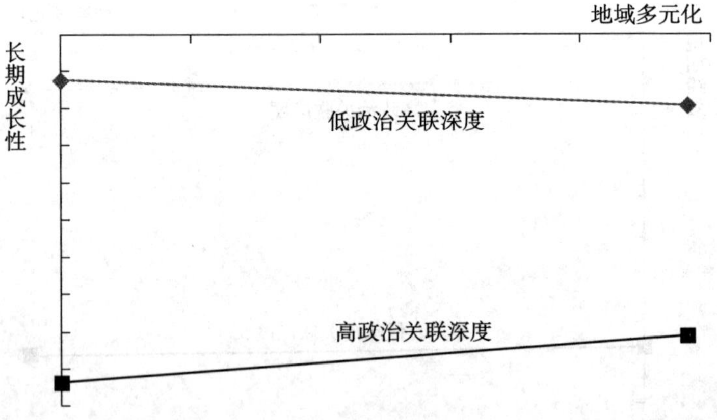

图 5－8　政治关联深度对地域多元化与长期成长性关系的调节作用

5.4.4　稳定性检验

（1）考虑到测量民营企业短期绩效和长期成长性的指标有许多，因此选择每股营业利润、总资产增长率作为被解释变量替换模型（4.15）—模型（4.22）中的企业短期绩效和长期成长性，具体回归结果见表 5－13、表 5－14 所示。从回归结果可以看出，无论是变量的显著性还是相对影响程度，都与原模型的回归结果基本一致。

（2）考虑到回归模型整体的显著性和估计系数的稳定性，本书采用差分 GMM 法进行稳定性检验，回归结果基本一致。由于受到篇幅限制，回归结果不予报告。

经过上述稳定性检验，表明本书研究结果具有稳健性。

表 5－13　政治关联对行业多元化与企业绩效关系的调节作用

解释变量	*opps*	*tagr*	*opps*	*tagr*
	模型（4.15）	模型（4.16）	模型（4.17）	模型（4.18）
	系数（*p* 值）	系数（*p* 值）	系数（*p* 值）	系数（*p* 值）
L. opps	0.1103*** (0.0000)		0.1187*** (0.0000)	
L. tagr		−0.1995*** (0.0000)		−0.2034*** (0.0000)
pcb	−0.4180*** (0.0000)	0.3454*** (0.0000)		
pcd			−0.0095*** (0.0000)	0.0024** (0.0226)
EI	−0.0234* (0.0816)	−0.1059*** (0.0000)	−0.0287** (0.0335)	−0.1000*** (0.0000)
pcb × *EI*	1.3060*** (0.0001)	−2.5104*** (0.0000)		
pcd × *EI*			0.0381*** (0.0000)	−0.0496*** (0.0000)
ln*asset*	0.2640*** (0.0000)	0.5133*** (0.0000)	0.2755*** (0.0000)	0.5222*** (0.0000)
lev	−1.0180*** (0.0000)	0.2358*** (0.0000)	−1.0666*** (0.0000)	0.2245*** (0.0000)
way	−0.0764*** (0.0082)	0.0192 (0.5684)	−0.0774*** (0.0007)	0.0281 (0.4093)
sha	0.0104*** (0.0000)	0.0130*** (0.0000)	0.0100*** (0.0000)	0.0129*** (0.0000)
caf	0.2769*** (0.0000)	−0.6002*** (0.0000)	0.2588*** (0.0000)	−0.5871*** (0.0000)

续表

解释变量	opps	tagr	opps	tagr
	模型（4.15）	模型（4.16）	模型（4.17）	模型（4.18）
	系数（p 值）	系数（p 值）	系数（p 值）	系数（p 值）
presmn	-0.1021 *** (0.0000)	-0.0050 (0.7080)	-0.0855 *** (0.0000)	0.0001 (0.9941)
ln*age*	-0.0715 (0.1022)	0.3838 *** (0.0000)	-0.0599 (0.1271)	0.3782 *** (0.0000)
IND	控制	控制	控制	控制
YEAR	控制	控制	控制	控制
Constant	-4.5317 *** (0.0000)	-12.0096 *** (0.0000)	-4.8691 *** (0.0000)	-12.1917 *** (0.0000)
AR（1）检验	-3.4359 *** (0.0006)	-4.3159 *** (0.0000)	-3.4394 *** (0.0006)	-4.1536 *** (0.0000)
AR（2）检验	0.90808 (0.3638)	-0.58503 (0.5585)	0.90154 (0.3673)	-0.42641 (0.6698)
sargan test	212.499 (0.7153)	237.6552 (0.3334)	215.446 (0.7307)	230.4133 (0.4613)
方程 Wald 检验	28328.88 *** Prob = 0.0000	166828.92 *** Prob = 0.0000	40440.16 *** Prob = 0.0000	389250.95 *** Prob = 0.0000

资料来源：笔者基于 Stata 软件计算整理。

注：限于篇幅，表中没有报告具体行业及年份虚拟变量的结果；括号内的数字为回归系数的 p 值；***、** 和 * 分别表示在 1%、5% 和 10% 的水平上显著；"L" 为变量的滞后一期值。

表 5-14　　政治关联对地域多元化与企业绩效关系的调节作用

解释变量	opps	tagr	opps	tagr
	模型（4.19）	模型（4.20）	模型（4.21）	模型（4.22）
	系数（p 值）	系数（p 值）	系数（p 值）	系数（p 值）
L. opps	0.1155 *** (0.0000)		0.1231 *** (0.0000)	
L. tagr		-0.1940 *** (0.0000)		-0.1983 *** (0.0000)
pcb	-0.4256 *** (0.0000)	0.2513 *** (0.0000)		
pcd			-0.0135 *** (0.0000)	0.0014 ** (0.0208)
HI	-0.0614 *** (0.0044)	0.0758 *** (0.0000)	-0.0656 *** (0.0013)	0.0810 *** (0.0000)
pcb × *HI*	-3.6707 *** (0.0000)	1.8148 *** (0.0008)		
pcd × *HI*			-0.0668 *** (0.0000)	0.0428 *** (0.0008)
ln*asset*	0.2703 *** (0.0000)	0.5141 *** (0.0000)	0.2695 *** (0.0000)	0.5152 *** (0.0000)

续表

解释变量	opps	tagr	opps	tagr
	模型（4.19）	模型（4.20）	模型（4.21）	模型（4.22）
	系数（p 值）	系数（p 值）	系数（p 值）	系数（p 值）
lev	−1.0227 *** (0.0000)	0.1964 *** (0.0000)	−1.0494 *** (0.0000)	0.1901 *** (0.0000)
way	−0.0795 ** (0.0137)	−0.0367 (0.3972)	−0.0545 * (0.0953)	−0.0147 (0.7539)
sha	0.0106 *** (0.0000)	0.0129 *** (0.0000)	0.0103 *** (0.0000)	0.0134 *** (0.0000)
caf	0.2661 *** (0.0000)	−0.5958 *** (0.0000)	0.2576 *** (0.0000)	−0.5900 *** (0.0000)
presmn	−0.0914 *** (0.0000)	0.0020 (0.8575)	−0.0888 *** (0.0000)	0.0063 (0.6868)
ln*age*	−0.0747 ** (0.0440)	0.3292 *** (0.0000)	−0.0503 (0.1565)	0.3408 *** (0.0000)
IND	控制	控制	控制	控制
YEAR	控制	控制	控制	控制
Constant	−4.8262 *** (0.0000)	−11.8800 *** (0.0000)	−4.8354 *** (0.0000)	−11.9764 *** (0.0000)
AR（1）检验	−3.4712 *** (0.0005)	−4.2481 *** (0.0000)	−3.4272 *** (0.0006)	−4.1223 *** (0.0000)
AR（2）检验	1.0148 (0.3102)	−0.81321 (0.4161)	0.89717 (0.3696)	−0.70143 (0.4830)
sargan test	216.6958 (0.7103)	231.5816 (0.4399)	221.6522 (0.6239)	227.6694 (0.4377)
方程 Wald 检验	29677.39 *** Prob = 0.0000	491307.08 *** Prob = 0.0000	52900.01 *** Prob = 0.0000	257979.71 *** Prob = 0.0000

资料来源：笔者基于 Stata 软件计算整理。

注：限于篇幅，表中没有报告具体行业及年份虚拟变量的结果；括号内的数字为回归系数的 p 值；*** 、** 和 * 分别表示在 1%、5% 和 10% 的水平上显著；“L” 为变量的滞后一期值。

5.5 实证研究结果分析

5.5.1　多元化经营与企业绩效实证结果分析

1. 行业多元化对企业绩效的影响

对于行业多元化经营如何作用于民营企业绩效，本书主要从两个方面进行研究，分别是行业多元化经营对民营企业短期绩效与长期成长性的影响，假设主要包括：

①行业多元化对民营企业短期绩效有显著正向影响；

②行业多元化对民营企业长期成长性有显著负向影响。

通过前文的实证结果显示，行业多元化对短期绩效的回归系数是 -0.1388（p 值小于 0.01），行业多元化对民营企业短期绩效有显著正向影响的假设没有得到验证。而行业多元化对长期成长性的回归系数是 -0.2141（p 值小于 0.01），行业多元化对民营企业长期成长性有显著负向影响的假设得到验证。主要原因是我国经济处于转型时期，企业实施行业多元化带来的权益与成本，随着制度的转型发生了改变（Peng，Lee & Wang，2005），民营企业行业多元化经营会损害企业的绩效，导致“多元化折价”，这与 Wernerfelt & Montgomery（1988）、Lang & Stulz（1994）、Berger & Ofek（1995）、Servaes（1996）、Rajan et al.（2000）的结论一致。我国经济经过近 40 年的改革发展，经济获得飞速增长，尤其是东南沿海一些城市，已经逐步形成了支持型的市场经济制度，但是各个行业的竞争也变得异常激烈，为了应对激烈的市场竞争，企业纷纷加大研发力度，缩短产品的生命周期，产品的更新换代速度非常快，同时价格成为主要的竞争手段。处于这样的竞争格局之下，容易使实施行业多元化经营的民营企业在多个行业竞争中处于劣势，导致企业整体绩效的下降。同时，受到 2008 年全球经济危机的冲击，我国民营企业大量倒闭，据国家发改委中小企业司披露的信息显示，2008 年上半年全国 6.7 万家规模以上中小企业倒闭（朱楠，2009），大部分民营上市公司无论在经营规模上，还是发展实力上都相对较强，但是由于外部整体经营环境较差，导致企业绩效下降。Lee K.，Peng M. W. & Lee K.（2008）认为在企业发展的过程中，如果规模扩张速度和业务复杂程度的上升速度均超过了市场制度的现有发展水平，企业在进行多元化经营时，可能带来折价效应。虽然企业所处的制度环境存在缺陷，非正式制度对正式制度具有替代作用，在一定程度上能够帮助企业进入管制行业进行多元化经营，进而降低市场的交易成本，但是企业在多元化过程中，容易造成盲目扩张。随着行业规模的扩大，导致企业风险承受能力下降，盈利能力降低。而且随着制度环境的逐步完善，宝贡敏（2002）认为，政府对于行业的管制政策放开后，市场竞争快速将垄断利润所带来的“弧波效应”拉平，因此，对于民营企业长期成长性也不会带来更大的空间。

2. 地域多元化对企业绩效的影响

对于地域多元化经营如何作用于企业绩效，分别从地域多元化经营对民营企业短期绩效与长期成长性的影响两个方面进行研究，假设主要包括：

①地域多元化对民营企业短期绩效有显著负向影响；

②地域多元化对民营企业长期成长性有显著正向影响。

通过前文的实证结果显示，地域多元化程度与短期绩效之间的回归系数是 -0.2014（p 值小于 0.01），地域多元化对民营企业短期绩效有显著负向影响的假设得到验证。而地域多元化程度与长期成长性之间的回归系数是 0.1691（p 值小于 0.01），这说明地域多元化程度对民营企业长期成长性存在显著的正向影响的假设得到验证，本结论与杨京京（2012）所得结论一致。分析原因：我国经济发展处于转型期，由于资源禀赋、地理位置及国家政策等方面导致不同地区之间的制度环境存在较大差异，如市场分割性，关系导向等制度因素制约着民营企业的发展。由于我国大部分民营企业经营过程中都存在资金不足、管理制度不够完善、资源欠缺，随着地域经营范围的扩大，企业外部交易成本和内部协调成本都随之增加。民营企业在进行地域多元化经营之初，倾向于选择周边的省市，这样各个地域之间的差别较小。但是，随着企业的发展壮大，地域多元化的范围也会扩大到更远的省市，导致企业跨地区经营的管理成本上升。若民营企业的组织管理能力欠缺，必然带来经营效率的下降，从而降低短期绩效。但是，经过一段时期的积累，民营企业适应了不同地区的制度环境，而且学习曲线效应对于跨地区经营同样适用，通过不断的学习适应，逐渐学会如何使企业的特定优势在不同地区得到充分发挥，一方面，可以利用不同区域内的廉价的生产要素；另一方面，也可以利用不同地区经济发展程度的差异，将产品生命周期延长，从而最终给企业带来收益。因此，从长远角度看，实施地域多元化经营能给企业提供更广阔的市场，带来更多的机会，从而提高长期成长性。

5.5.2　政治关联对多元化经营与企业绩效关系的调节作用实证结果分析

1. 政治关联广度对行业多元化与企业绩效关系的调节作用

对于政治关联广度在行业多元化与企业绩效之间的调节作用，分别从政治关联的广度对民营企业短期绩效和长期成长性方面展开讨论，假设包括：

①政治关联广度对行业多元化与企业短期绩效间的调节作用为正向；

②政治关联广度对行业多元化与企业长期成长性间的调节作用为正向。

前面的实证分析显示，在研究政治关联广度在行业多元化与企业短期绩效之间的调节作用时，政治关联的广度与行业多元化的交互项 $pcb \times EI$ 的系数为 1.4979（p 值小于 0.05），说明政治关联广度削弱了行业多元化对短期绩效的负向影响程度，即在民营企业实行一定程度行业多元化经营的条件下，政治关联广度越强，民营企业从政府所汲取的政治资源越丰富，企业的能力也能获得提升，使得企业行业多元化经营的实施与企业能力更加匹配，从而抑制了行业多元化扩张对企业短期绩效的消极作用，实证结果支持了所提的假设。说明我国处于转型经济时期，在这种环境下，市场制度相对不完善，民营企业仅仅依靠自身推动行业多元化经营，相对比较困难。田利辉、张伟（2013）认为，政府手中掌握着大量的资源，具有政治关联的民营企业能够在短期内获取稀缺资源，进入政府管制行业，获得政府财政补贴等一系列优惠政策，形成“政府偏袒效应”。从而增强民营企业多元化经营的能力，改善多元化经营的效果，有效地缓解行业多元化经营对民营企业短期绩效带来的负面影响。

同时，在研究政治关联广度在行业多元化经营与长期成长性之间的调节作用时，政治关联的广度与行业多元化的交互项 $pcb \times EI$ 的系数为 -5.2000（p 值小于 0.01），说明政治关联广度增强了行业多元化对长期成长性的负向影响程度，即在民营企业实行一定程度行业多元化经营的条件下，政治关联广度越强，越能增强行业多元化对企业长期成长性的消极影响，实证结果未支持假设。分析原因可能是，政府不仅在资源的配置过程中具有很大的权利，同时也是相关法律法规的制定者和监督者，具有政治关联的民营企业，政府会给予更多的优惠政策，但是，为了更好地维系与当地政府之间的关系，满足政府的需求，民营企业需要付出一定的代价，如吸纳剩余劳动力，增加税收等。而且政治关联的广度越强，说明民营企业中具有政治关联的高管人数越多，与政府的联系越密切，并且在制定战略时越容易受政府的干预，没有结合自身的优势和能力，充分考虑外部环境因素，导致盲目进行多元化扩张。因此，从长期角度来看，政治关联广度并不能有效地缓解行业多元化经营对民营企业长期成长性带来的负面影响。

2. 政治关联深度对行业多元化与企业绩效关系的调节作用

对于政治关联深度在行业多元化与企业绩效之间的调节作用，分别从政治关联的深度对民营企业短期绩效和长期成长性方面展开讨论，假设包括：

①政治关联深度对行业多元化与企业短期绩效间的调节作用为正向；

②政治关联深度对行业多元化与企业长期成长性间的调节作用为正向。

前面的实证分析显示，在研究政治关联深度在行业多元化与企业短期绩效之间的调节作用时，政治关联的深度与行业多元化的交互项 $pcd \times EI$ 的系数为 0.0362（p 值小于 0.10），说明政治关联深度削弱了行业多元化对短期绩效的负向影响程度，即在民营企业实行一定程度行业多元化经营的条件下，政治关联深度越强，民营企业从政府所汲取的政治资源越丰富，企业的能力也能获得提升，使得企业行业多元化经营的实施与企业能力更加匹配，从而抑制了行业多元化扩张对企业短期绩效的消极作用，实证结果支持了所提的假设。政治关联深度越强，表明民营企业中具有政治关联的高管现任（或曾任）政府重要官员，或者现任（或曾任）层级较高的人大代表、政协委员，手中握有重要的权利，能够帮助企业较容易进入政府管制行业，或者获得更多的优惠政策，如银行贷款、财政补贴等。因此，政治关联深度能有效地缓解行业多元化经营对民营企业短期绩效带来的负面影响。

同时，在研究政治关联深度在行业多元化经营与长期成长性之间的调节作用时，政治关联的深度与行业多元化的交互项 $pcd \times EI$ 系数为 -0.1009（p 值小于 0.01），说明政治关联深度增强了行业多元化对长期成长性的负向影响程度，即在民营企业实行一定程度行业多元化经营的条件下，政治关联深度越强，越能增强行业多元化对企业长期成长性的消极影响，实证结果未支持假设。可能的原因是，政治关联能够使民营企业从政府处获得一系列的优惠政策和重要资源，但是，政府同样对民营企业有所要求，如解决当地就业问题，维护社会稳定，拉动当地经济发展，而且政治关联深度越强，表明具有政治关联的高管地位越高，政府与企业之间的关系越密切，为了长期维系这种关系，民营企业在实施行业多元化的过程中，容易受政府目标的干预，导致盲目进行行业多元化扩张。因此，政治关联深度并不能有效地缓解行业多元化经营对民营企业长期成长性带来的负面影响。

需要特别强调，虽然政治关联广度和深度对行业多元化与民营企业短期绩效之间的负向影响具有一定的削弱作用，但是行业多元化与短期绩效之间的关系还是负向的，表明行业多元化在总体上会损害民营企业的价值。尽管如此，民营企业还是积极构建政治关联，希望获得更多重要资源，进行多元化扩张，主要原因在于：

（1）“人治”是民营企业治理的显著特点。由于我国民营企业的发展历程相对较短，在整个发展过程中，更多地体现“人治”的特征。民营企业经营的成功，更多地归因于民营企业家的功劳，容易导致企业家自信心高度膨胀、盲目乐观，认为企业过去的成功经验可以在其他行业内复制，低估了企业多元化经营所带来的风险。尤其是当民营企业经过长时期的积累，政治关联的广度和深度达到一定程度后，更加愿意实施多元化经营。

（2）我国是一个“关系至上”的国家，尤其是目前经济处于转型时期，关系变得更加重要。随着民营企业的发展壮大，能够拉动地区经济的增长，缓解就业问题，维护地区稳定，那么，当地政府在政策上会给予更大的支持，与政府之间形成利益共同体，甚至在一定程度上左右政府的决策。有些民营企业在制定发展战略时，为了迎合当地政府的需要，或者为了与政府、银行搞好关系，盲目进行多元化扩张。

（3）改革开放近 40 年，我国经济获得了飞速的发展，给民营企业带来巨大发展契机的同时，也使其面临巨大的挑战。民营企业在发展过程中，与国有企业处于截然不同的境地，不仅没有天然的屏障保护其抵御外部环境的冲击，而且还受到国家政策方面的“歧视”，遭遇不公平的待遇，这些遭遇使得民营企业家具有强烈的危机感和忧患意识，也迫使他们尽可能利用手中的资源寻找机会，进行行业多元化扩张，使企业不断发展壮大，更好地抵御外部环境的不确定性。

3. 政治关联广度对地域多元化与企业绩效关系的调节作用

关于政治关联广度在地域多元化与民营企业绩效之间的调节作用，分别从政治关联广度对短期绩效和长期成长性方面展开讨论，假设包括：

①政治关联广度对地域多元化与企业短期绩效间的调节作用为正向；

②政治关联广度对地域多元化与企业长期成长性间的调节作用为正向。

前面的实证分析显示，在研究政治关联广度对地域多元化经营与短期绩效之间的调节作用时，政治关联广度与地域多元化的交互项 $pcb \times HI$ 的系数为 -6.4213（p 值小于 0.10），说明政治关联广度增强了地域多元化对短期绩效的负向影响程度，即在民营企业实行一定程度地域多元化经营的条件下，政治关联广度越强，越能增强地域多元化对短期绩效的消极影响，实证结果未支持假设。可能的原因是，虽然政治关联广度越强，具有政治关联的人数越多，与当地政府的关系越密切。但是，建立在关系基础上的优势具有较高的环境嵌入性，民营企业一旦离开进入到其他地区进行多元化经营，这种关系的优势就会失去原有的作用。因此，民营企业的政治关联广度并不能有效地缓解地域多元化经营对短期绩效带来的负向影响。

同时，在研究政治关联广度在地域多元化经营与长期成长性之间的调节作用时，政治关联广度与地域多元化的交互项 $pcb \times HI$ 的系数为 4.1072（p 值小于 0.01），说明政治关联广度增强了地域多元化对长期成长性的正向影响程度，即在民营企业实行一定程度地域多元化经营的条件下，政治关联广度越强，民营企业从政府所汲取的政治资源越丰富，企业的能力也能获得提升，使得企业地域多元化经营的实施与企业能力更加匹配，从而增强了地域多元化扩张对企业长期成长性的积极作用，实证结果支持了所提的假设。基于产品生命周期理论，民营企业在进行多元化经营选择时，只有当所提供的产品与服务进入到衰退期，才会考虑通过开展行业多元化进行业务拓展，更多的企业通过实施区域多元化经营来延长产品的生命周期，维持其产品竞争优势，并且这种优势具有可转移性。而且，我国地域辽阔，在适当时机，民营企业选择地域多元化经营对其发展具有重要的意义。Michelacci & Silva（2007）提出，大部分的民营企业初创的地区都是创始者的居住或者成长的地方，随着企业的发展壮大开始向其他地区扩张。各地政府为了当地 GDP 的增长，纷纷在土地政策和税收等方面给予外来企业一定的优惠，但是，这种地域性的扩张需要完善的制度环境，当民营企业主动将业务范围扩大到省内或者省外其他城市，来自资金方面的限制以及如何应对有效保护财产不受当地政府“掠夺之手”的侵占，是企业面临重要的问题。民营企业需要与当地政府积极建立关系，这种关系的建立需要一定的时间。而且，具有政治关联的高管人数越多，越容易发挥多个结点的作用。因此，从长期来看，政治关联广度对地域多元化经营与长期成长性之间的正向关系具有正向调节作用。

4. 政治关联深度对地域多元化与企业绩效关系的调节作用

关于政治关联深度在地域多元化经营与民营企业绩效之间的调节作用，分别从政治关联深度对短期绩效和长期成长性方面展开讨论，假设包括：

①政治关联深度对地域多元化与企业短期绩效间的调节作用为正向；

②政治关联深度对地域多元化与企业长期成长性间的调节作用为正向。

前面的实证分析显示，在研究政治关联深度在地域多元化经营与短期绩效之间的调节作用时，政治关联深度与地域多元化的交互项 $pcd \times HI$ 的系数为 -0.1381（p 值小于 0.01），说明政治关联深度增强了地域多元化对短期绩效的负向影响程度，即在民营企业实行一定程度地域多元化经营的条件下，政治关联深度越强，越能增强地域多元化对短期绩效的消极影响，实证结果未支持假设。主要原因是，拥有政治关联的民营企业，其可能拥有政治地位较高的人员，但是由于我国各个地区之间存在较强的市场分割制度，民营企业在进入一个地区后需要对各种资源进行整合，政治资源带来的优势并不能有效地降低整合成本。因此，民营企业的政治关联深度并不能有效地缓解地域多元化经营对短期绩效带来的负向影响。

同时，在研究政治关联深度在地域多元化经营与长期成长性之间的调节作用时，政治关联深度与地域多元化的交互项 $pcd \times HI$ 的系数为 0.0900（p 值小于 0.01），说明政治关联深度增强了地域多元化对长期成长性的正向影响程度，即在民营企业实行一定程度地域多元化经营的条件下，政治关联深度越强，民营企业从政府所汲取的政治资源越丰富，企业的能力也能获得提升，使得企业地域多元化经营的实施与企业能力更加匹配，从而增强了地域多元化扩张对企业长期成长性的积极作用，实证结果支持了所提的假设。

5.6 本章小结

本章以2008—2013年的民营上市公司作为样本数据，利用Stata14.0软件，运用系统GMM方法对所提假设进行实证检验。首先，从样本企业具有政治关联的比例、多元化经营的比例及样本企业行业分布情况等方面，对样本企业进行特征描述，计算相关变量的极大值、极小值、平均值、标准差等特征值，对数据进行描述性统计分析。其次，利用主成分分析法，构造短期绩效指标和长期成长性指标。再次，为了避免变量之间存在的内生性及自相关问题，利用动态面板数据模型对所提出的假设进行检验。统计结果表明，在对多元化经营与企业绩效的研究中，假设1-2、1-3、1-4都通过了检验；在研究政治关联对多元化经营与企业绩效之间的调节作用时，假设2-1、2-3、2-6、2-8都通过了检验。本研究所提出的大部分假设获得了验证，最终的检验结果如表5-15所示。最后，结合现有文献的研究成果，展开对书中所提的研究假设的讨论，尤其是实证结果没有得到支持的假设，进行详细分析。本章比较全面、系统地对三者之间的关系进行了论证，为民营企业如何有效地利用政治关联来促进行业多元化和地域多元化经营，提供了更加明确、具体的路径和措施。

表5-15　研究结果汇总表

编号	假设描述	结果
	多元化经营与企业绩效	
H1-1	行业多元化对民营企业短期绩效有显著正向影响	不支持
H1-2	行业多元化对民营企业长期成长性有显著负向影响	支持
H1-3	地域多元化对民营企业短期绩效有显著负向影响	支持
H1-4	地域多元化对民营企业长期成长性有显著正向影响	支持
	政治关联的调节作用	
H2-1	政治关联广度对行业多元化与企业短期绩效间的调节作用为正向	支持
H2-2	政治关联广度对行业多元化与企业长期成长性间的调节作用为正向	不支持
H2-3	政治关联深度对行业多元化与企业短期绩效间的调节作用为正向	支持
H2-4	政治关联深度对行业多元化与企业长期成长性间的调节作用为正向	不支持
H2-5	政治关联广度对地域多元化与企业短期绩效间的调节作用为正向	不支持
H2-6	政治关联广度对地域多元化与企业长期成长性间的调节作用为正向	支持
H2-7	政治关联深度对地域多元化与企业短期绩效间的调节作用为正向	不支持
H2-8	政治关联深度对地域多元化与企业长期成长性间的调节作用为正向	支持

第6章 研究结论与展望

6.1 研究结论与管理建议

6.1.1 主要研究结论

在战略管理领域里，多元化经营对企业绩效的影响一直是学者们研究的重要问题，目前大多数集中在“多元化溢价”、“多元化折价”、“多元化中性”及“多元化曲线”四种结论上，并且很多学者开始尝试从不同的视角，采用不同的研究方法，选择不同的样本，深入探讨多元化经营与企业绩效之间的关系。本书在资源基础理论的基础上，结合制度基础理论和政府干预理论，将政治关联纳入分析框架，不仅从理论上分析政治关联在多元化经营与企业绩效之间的调节作用，而且利用系统 GMM 法对模型进行验证，得出以下研究结论：

（1）行业多元化对民营企业的短期绩效与长期成长性均具有负向影响。即民营企业行业多元化经营会损害企业的绩效，导致“多元化折价”。

（2）地域多元化对民营企业的短期绩效具有负向影响，而对长期成长性却具有正向影响。即地域多元化会损害民营企业的短期绩效，导致“多元化折价”，但是会使民营企业的长期成长性获得提高，带来“多元化溢价”。

（3）政治关联广度削弱了行业多元化对民营企业短期绩效的负向影响程度，即在民营企业实行一定程度行业多元化经营的条件下，政治关联广度越强，越能有效抑制行业多元化扩张对企业短期绩效的消极作用；政治关联广度增强了行业多元化对民营企业长期成长性的负向影响程度，即在民营企业实行一定程度行业多元化经营的条件下，政治关联广度越强，越能增强行业多元化对企业长期成长性的消极作用。

(4) 政治关联深度削弱了行业多元化对民营企业短期绩效的负向影响，即在民营企业实行一定程度行业多元化经营的条件下，政治关联深度越强，越能有效抑制行业多元化扩张对企业短期绩效的消极作用；政治关联深度增强了行业多元化对民营企业长期成长性的负向影响程度，即在民营企业实行一定程度行业多元化经营的条件下，政治关联深度越强，越能增强行业多元化对企业长期成长性的消极作用。

(5) 政治关联广度增强了地域多元化对民营企业短期绩效的负向影响程度，即在民营企业实行一定程度地域多元化经营的条件下，政治关联广度越强，越能增强地域多元化对短期绩效的消极作用；政治关联广度增强了地域多元化对民营企业长期成长性的正向影响程度，即在民营企业实行一定程度地域多元化经营的条件下，政治关联广度越强，越能增强地域多元化对企业长期成长性的积极作用。

(6) 政治关联深度增强了地域多元化对民营企业短期绩效的负向影响程度，即在民营企业实行一定程度地域多元化经营的条件下，政治关联深度越强，越能增强地域多元化对短期绩效的消极作用；政治关联深度增强了地域多元化对民营企业长期成长性的正向影响程度，即在民营企业实行一定程度地域多元化经营的条件下，政治关联深度越强，越能增强地域多元化对企业长期成长性的积极作用。

6.1.2 管理建议

作为经济处于转型中的国家，改革开放之后我国经济获得了飞速的发展，在世界经济中占有重要的位置，因此，我国的企业中能够产生出具有国际竞争力的大企业。不过现实情况是，这样的企业很难在国有企业中产生，而应该更多依靠民营企业。目前，我国在某些行业或产品生产上已经跻身全球制造大国行列，而这些大部分产生在民营企业，只不过这些行业并不具备国际竞争力。归根结底由于民营企业的发展受到了制度环境的制约，阻碍其聚焦核心业务，利用在国内市场形成的规模优势，进而提升国际竞争力。造成这种局面最根本的原因在于经济转型过程中，大部分的经济管理控制权掌握在政府手中，并没有完全依靠市场进行资源的分配，而政府在资源分配的时候，无法对其有效地实施约束和监督。因此，民营企业在进行战略决策时，往往更多地依靠非正式制度而不是正式制度。本书将政治关联纳入研究框架，分析民营企业多元化经营与企业绩效之间的作用机制，通过实证获得一些有价值的发现，对于实践方面有重要启示，可以从企业层面和政府层面进行分析。

1. 企业层面

（1）对于政治关联，民营企业要理性对待。在我国经济转型的背景下，民营企业为了获得生存、发展机会，构建政治关联确实在一定程度上带来了便利，如税收优惠、融资便利、行业准入等。然而，政府部门无论是出于促进地方经济增长、增加就业、维护社会稳定的社会目标，还是政府官员为了个人职务获得晋升的私人目标，政府都需要依靠企业的力量，尤其是与政府建立政治关联的企业，为了维持与政府之间的关系，需要付出一定的成本，对地方经济的发展作出贡献，才能获得政府手里掌握的资源。政治关联对于企业的发展具有两面性，即能成为企业的“扶持之手”，也能成为“掠夺之手”。因此，民营企业应理性对待政治关联，应对自身所面临的内外部环境、拥有的优劣势进行全面考虑，准确分析企业建立政治关联带来的好处及所付出的成本，从而构建最适合的政治关联方式和发展战略，政治关联对于企业而言是重要的社会资本，但并不是唯一重要的。民营企业借助建立的政治关联，积极进行产业转型，将更多的精力放在自身技术水平、管理水平的提升，建立核心竞争力，获得持续经营的能力。同时，与政府之间保持一定的距离，避免政府干预对企业决策行为产生影响，保持经营独立性，减少政治关联带来的负面影响。

（2）与政府建立政企关系时，民营企业要更加关注质量。政治关联的强度在一定程度上代表企业对政府政策、制度的制定上产生的影响力。在某种程度上，政治关联的深度能更好地体现政治关联的质量，当民营企业处于同样的环境时，拥有政治关联的人数越多，意味着企业获得政治资源的渠道越多，然而，如果获取的资源具有同质性、可替代性，那么拥有政治关联的人数越多，企业构建、维系关系的成本就会增加，并不能为企业带来竞争优势。即使民营企业拥有了更多的政治资源，但由于具有政治关联的高管较多，彼此之间可能存在利益冲突，进而影响资源的有效利用，导致企业绩效下降。因此，聘请过多的具有政治关联的高管到企业任职，对于民营企业长远发展并非明智之举，应尽量减少规模，注重政治关联的质量。

（3）实施行业多元化经营时，企业可以借助政治关联在行业多元化经营与企业短期绩效间的积极作用。本书研究结果表明，行业多元化经营对民营企业的短期绩效与长期成长性均产生显著性负向影响。Kim H. & Hoskisson R. E.（2010）指出，随着企业所处的外部市场（包括资本、战略要素和劳动力市场）的逐步完善，实施行业多元化带来的溢价效应会大打折扣。但是，由于目前我国仍处于制度转型期，大部分具有较高利润空间的行业仍然处在政府的管制下，罗党论、刘晓龙（2009）实证结果表明，进入政府管制行业的民营企业与没有进入的企业相比，前者的绩效显著高于后者。由于我国民营企业在发展中遭遇市场准入方面的“歧视”，政府在行业准入方面设置了高进入壁垒，几乎全部被国有企业占据，民营企业难以进入可分得高利润的行业。民营企业要想突破壁垒，进入政府管制行业，与政府之间建立良好的关系成为首选。罗党论、刘晓龙（2009）同时证明，民营企业的政治关联越强，往往比较容易进入高壁垒行业，并且进入的程度越大，企业的绩效越好。胡旭阳、史晋川（2008）实证结果显示，民营企业实施行业多元化经营，拥有的政治资源越多，越容易进入政府管制行业。但是，往往想进入的行业与企业主营业务不相关，因此，民营企业拥有的政治资源与非相关多元化具有正相关关系，而与相关多元化具有负相关关系，拥有的政治资源越少，越容易进行相关多元化。但是，随着市场制度不断完善，竞争更加公平，政府管制行业逐渐放宽，民营企业与政府之间的关系对于促进民营企业的长期成长性的空间有限。所以，从短期来看，民营企业在进行行业多元化经营时，要借助政治关联努力进入政府管制行业，改善短期绩效，从长期来看，民营企业更应该专注主营业务，努力提高核心竞争力，最终获得发展壮大。

（4）在实施地域多元化经营时，企业可以借助政治关联对地域多元化与长期成长性间的积极作用。随着制度环境的不断完善，民营企业要想做大做强，仅在创办地点进行经营是很难的，必须进入到省内或者省外的其他城市，实施地域多元化经营。基于产品生命周期理论，产品进入成熟期后，为了延长产品的生命周期，具有一定竞争实力的民营企业也应该选择地域多元化经营。然而，在进行地域扩张过程中，民营企业会受到当地企业的排斥，很难获得公平的竞争机会，为了改变现状，民营企业必须与当地政府建立良好的关系。由于当地政府在管辖区域具有较大的影响力，能够帮助民营企业有效克服“水土不服”，而且政府掌握着大量的资源，如土地、原材料、矿产资源等，民营企业可以通过政府关系，争取到更多的优惠政策，获得在当地发展的一些便利条件，与当地政府建立良好的关系也有利于获得银行贷款。因此，民营企业在进行地域多元化经营时，从长期来看，要处理好与当地政府的关系，促进地域多元化的发展，提升企业绩效。

2. 政府层面

（1）在转型经济中，政府应使自身决策过程更加规范化，完善对企业的监管制度。良好的政企关系，对于政府与企业属于一种双赢的行为，不仅能使企业获得更多的资源和良好的经营环境，更能拉动地方经济发展。不过，政治关联也可能产生寻租行为，进行权钱交易，从而导致贪污腐败。因此，政府要加强决策过程的公开性、透明性，严格加以控制，防止腐败行为的发生。同时，对具有一定职位的官员要加强监管力度，监督领导干部在企业的兼职行为，有利于减少企业日常经营过程中政府过多干预，避免政府寻租行为、腐败行为的滋生，促进市场经济公平、自由发展。

（2）政府利用政治关联对企业从正面加以引导。政府与企业之间的关系是相互的，企业通过政府获得利益，同样，政府也可以对企业进行正面的引导，监督其履行一定的社会责任，在实现地方经济发展的同时，努力帮助地方政府实现诸如就业、养老、社会稳定等社会目标。并且，政府的行为也影响民营企业社会责任的履行，政府在社会责任问题上的立场，相关法律法规的制定，奖惩措施的实施，这些都对民营企业履行社会责任的积极性具有很大的影响。因此，政府在实现地方经济目标的同时，要制定配套的规章制度，引导和监督民营企业积极承担相应的社会责任。

（3）政府要进一步完善法制环境，加大对民营企业产权保护。政府部门要建立公平、公正、公开的市场环境，让民营企业有效地参与市场竞争，与民营企业在经济发展中所起的作用不同，民营企业的发展环境有待进一步完善，会遇到一些不公平的待遇，政府手中掌握的资源越重要，在这样的领域所受的不公平待遇越严重。所以，政府要以公平的态度对待民营企业，消除制度上的歧视，为民营企业创造公平有序的竞争环境，保护民营企业的产权，解除民营企业发展的后顾之忧。只有这样，民营企业才能将主要精力放在提升核心竞争力上，专注自身的管理水平和绩效的提高，而不是怎样与政府建立关系上。

（4）在市场运行中，政府实施间接的调控机制。我国经济处于转型时期，具有独特的发展特点和运行规律，政府行业管制及各个地区之间的政策差异将在很长一段时间内存在，但政府应采取相应的措施减少在企业发展过程中带来的这种不公平性。作为政策的制定者，政府除了在一些国计民生基础性行业实行管制，应更多地依靠市场进行资源的配置，对民营企业开放，引进市场竞争机制。在地区差异方面，保持经济整体增长的情况下，尽量减少各个地区之间的差异，尤其是政府对于经济不要过多干预，做到一视同仁，努力促进各个地区资源配置的市场化。

6.2 研究局限与未来展望

基于政治关联的视角，本书对民营企业多元化经营与企业绩效之间的作用机理进行了系统的研究，取得了一些有价值的研究成果。但由于笔者研究水平有限，以及数据收集方面的困难，给本书的研究过程带来一定的不足之处，未来仍需进一步探索，现将本书研究局限性及未来展望概括如下：

6.2.1 研究局限

1. 样本选择范围受限制

本书所选取的样本主要是2008—2013年间的民营上市公司，并没有对非上市的民营企业进行研究。一般而言，在沪深两市上市的民营企业经营业绩都比较好，并且为当地GDP做出很大贡献，其本身与当地政府的关系普遍都很好，具有较高的政治地位。但是，实际上大多数的民营企业规模较小，以家族企业居多，在夹缝中艰难地生存，遇到较多的不公平待遇。因此，除了书中所研究的样本企业外，对于没有上市的民营企业而言，本书所得出的研究结论是否同样适合。

2. 研究方法具有局限性

本书在研究过程中运用规范研究法和实证研究法，研究方法相对单一。实证分析所用的样本数据主要来源于沪深两市的民营上市公司，所依据的实证模型主要是在国内外现有理论进行阐述的基础上提出的，但是，为了理论模型更具有说服力，特别是特定情境下某些变量的引入，非常有必要在进行大量实证分析的基础上，进行前期的案例探索性分析。因此，未来可以将案例研究法、问卷调查法、专家访谈法等多种研究方法相结合，利用所搜集到的一手数据进行分析，能够更全面、直观地度量民营企业多元化经营和政治关联的实际情况，在此基础上结合第二手数据，能够更加准确地反映民营企业多元化经营与企业绩效之间的关系，及政治关联在两者之间的调节作用。

3. 政治关联的度量方法有待完善

目前对于政治关联的度量方法主要有虚拟变量法、董事比例法、层级划分法、多维度量法和指数模型法，每一种方法都有其优缺点。本书对政治关联从广度和深度两个角度进行衡量，具有一定的创新性，但也只是简单的计算比例和赋值，并没有系统地对政治关联进行量表的开发及指数模型的构建，有待进一步合理地量化。

6.2.2 未来展望

（1）本书关于民营企业的政治关联的研究主要集中在显性关系上，但是企业在现实经营中，除了具有显性的政治关联之外，广泛存在隐形的政治关联，如企业中的高管或者董事会成员有亲戚、同学、战友或同乡等更加亲密关系的人担任政府官员，而这些关系是非公开性的，是无法识别的，也很难获取，但对于企业政治关联的建立可能比显性的关系更密切。因此，未来研究中可以拓宽民营企业信息的获取渠道，进一步挖掘这种隐形的政治关联，深入探索政治关联对多元化经营绩效的作用机理。现有的文献在关于政治关联的度量方法方面的研究还很不完善。各个国家由于政治体制的差异，导致对政治关联程度很难用统一的指标衡量。实际上，企业的政治关联不仅涉及政治背景，同时也涉及国家文化、经济制度、制度环境等其他方面。在未来的发展方向上，应该重视和拓展政治关联度量的新方法。可以尝试通过开发量表来度量企业政治关联的强度。由于量表的开发在一定程度上受研究者主观的影响，因此，在指标的构建上如何更加客观是未来的研究方向。

（2）本书主要整合资源基础理论和制度基础理论，分析了多元化经营对企业绩效的影响，重点阐述了政治关联如何在两者之间发挥调节作用，未来可以按照“资源—战略—绩效”的逻辑框架，更加深入地分析政治关联和战略选择对企业绩效的共同影响，选择多元化经营或者其他竞争战略，如差异化战略、低成本战略等作为中介变量进行研究，对于民营企业而言，不仅仅实施一种战略，可以进行战略组合。因此，未来的研究方向，可以考虑政治关联与不同战略组合之间的关联性，以及不同战略之间的相互作用对企业绩效的影响，使政治关联、战略选择与企业绩效三者之间的关系得到更加深入的研究。

（3）本书主要从行业多元化、地域多元化方面对多元化进行度量，未来可以更加细化，将行业多元化从相关与非相关性，或者从管制与非管制方面划分，而地域多元化从国内与国外方面划分，并且将民营企业集中在某一个具体的行业进行研究（如制造业或者服务业等），或者可以在多个行业之间进行对比，通过分析找出在哪个行业中政治关联的影响程度更深。经过深入的研究能够进一步拓宽理论研究，从而对企业实践具有更好的指导作用。

参考文献

[1] Adams, H. C. Relation of the State to Industrial Action [J]. Publications of the American Economic Association, 1887 (1): 7-85.

[2] Adhikari, A., Derashid, C. & Zhang, H. Public Policy, Political Connections, and Effective Tax Rates: Longitudinal Evidence from Malaysia [J]. Journal of Accounting and Public Policy, 2006, 25 (5): 574-595.

[3] Aggarwal, R. K., Meschke, F. & Wang, T. Corporate Political Contribution: Investment or Agency? [R]. University of Minnesota, 2007.

[4] Amihud, Y. & Lev, B. Risk Reduction as a Managerial Motive for Conglomerate Mergers [J]. The Bell Journal of Economics, 1981, 12 (2): 605-617.

[5] Ansoff H. I. Strategies for Diversification [J]. Harvard Business Review. 1957, 35 (5): 113-124.

[6] Antoncic, B. & HIsrich, R. D. Intrapreneurship: Construct Refinement and Cross-cultural Validation [J]. Journal of Business Venturing, 2001 (16): 495-427.

[7] Bai, C. E., Lu, J. Y. & Tao, Z. G. Property Rights Protection and Access to Bank Loans: Evidence from Private Enterprises in China [J]. Economics of Transition, 2006, 14 (4): 611-628.

[8] Barney, J. Gaining and Sustaining Competitive Advantage [M]. Reading, MA: Addison-Wesley, 2002.

[9] Bertrand, M., F. Kramaraz, A. Schoar & D. Thesmar. Politicians, Firms and the Political Business Cycle: Evidence from France [R]. University of Chicago, Working Paper, 2007.

[10] Bian Yanjie & Soon Ang. Guanxi Networks and Job Mobility in China and Singapore [J]. Social Forces, 1997, 75 (3): 1007-1030.

[11] Birkinshaw, J., Morrison, A. & Hulland, J. Structural and Competitive Determinants of a Global Integration Strategy [J]. Strategic Management Journal, 1995, (16): 637-655.

[12] Bodnar, G. M. & Weintrop, J. The Valuation of the Foreign Income of US Multinational Firms: A Growth Opportunities Perspective [J]. Journal of Accounting and Economics, 1997, 24 (1): 69 - 97.

[13] Boisot, M. & Meyer, M. W. Which Way through the Open Door? Reflections on the Internationalization of Chinese Firms [J]. Management and Organization Review, 2008, 4 (3): 349 - 365.

[14] Boubakri, M., Cosset, J. C. & Saffar, W. Political Connections of Newly Privatized Firms [J]. Journal of Corporate Finance, 2008, 14 (5): 654 - 673.

[15] Capar, N. & Kotabe, M. The Relationship between International Diversification and Performance in Service Firms [J]. Journal of International Business Studies, 2003, 34: 345 - 355.

[16] Chang, Y. & Thomas, H. The Impact of Diversification Strategy on Risk - Return Performance [J]. Strategic Management Journal, 1989, 10 (3): 271 - 284.

[17] Chatterjee, S. & Wernerfelt, B. Related or Unrelated Diversification: A Resource Based Approach [J]. Academy of Management Best Paper Proceedings, 1988, (7): 7 - 11.

[18] Claessens, Stijin, Simeon Djankov, *et al.* The Separation of Ownership and Control in East Asian Corporations [J]. Journal of Financial Economics, 2000, 58 (1/2): 81 - 112.

[19] Covin, J. G. & Slevin. D. P. A Conceptual Model of Entrepreneurship as Firm Behavior [J]. Entrepreneurship Theory and Practice, 1991, 16 (1): 7 - 25.

[20] Demirgüç-Kunt, A. & Maksimovic, V. Law, Finance, and Firm Growth [J]. The Journal of Finance, 1998, 53 (6): 2107 - 2137.

[21] Denis, D. J., Denis, D. K. & Sarin, A. Agency Problems, Equity Ownership, and Corporate Diversification [J]. Journal of Finance, 1997, 52 (1): 135 - 160.

[22] Doukas, J. A. & Lang, L. H. P. Foreign Direct Investment, Diversification and Firm Performance [J]. Journal of International Business Studies, 2003, 34 (2): 153 - 172.

[23] Ely, R. T. Outlines of Economics [M]. New York: Macmillan., 1937.

[24] Faccio, M. Politically Connected Firms: Can they Squeeze the State? [J]. Working Paper, 2002.

[25] Faccio, M. The Characteristics of Politically Connected Firms [R]. Working Paper, 2007.

[26] Faccio, M. Politically Connected Firms [J]. American Economic Re-

view, 2006, 96 (2) : 369 -386.

[27] Fan Joseph, P. H. , Wong, J. , Tianyu, Zhang. Politically—Connected CEOs, Corporate Governance and Post—IPO Performance of China'S Partially Privatized Firms [J] . Journal of Financial Economics, 2007, 84 (2): 330 -357.

[28] Ferguson, T. & Voth, H. J. Betting on Hitler - The Value of Political Connections in Nazi Germany [J] . Quarterly Journal of Economics, 2008, 123 (1): 101 -137.

[29] Fisman, R. Estimating the Value of Political Connections [J] . American Economic Review, 2001, 91 (4): 1095 -1102.

[30] Francis, B. B. , Hasan, I. & Sun, X. Political Connections and the Process of Going Public: Evidence from China [J] . Journal of International Money and Finance, 2009, 28 (4): 695 -619.

[31] Goldman, E, Rocholl, J. & So, J. Do Politically Connected Boards Affect Firm Value [J] . Review of Financial Studies, 2009, 22 (6): 2331 -2360.

[32] Gollop, F. M. & Monahan, J. L. A Generalized Index of Diversification: Trends in Us Manufacturing [J] . The Review of Economics and Statistics, 1991 (1): 318 -330.

[33] Gomes, L. & Ramaswamy, K. An Empirical Examination of the Form of the Relationship between Multinationality and Performance [J] . Journal of International Business Studies, 1999, 30 (1): 173 -188.

[34] Grant, R. , Jammine, A. & Thomas, H. Diversity, Diversification, and Profitability among British Manufacturing Companies [J] . Academy of Management Journal, 1988, 31: 771 -801.

[35] Hitt, M. A. , Hoskisson, R. E. & Ireland, R. D. A Mid - Range Theory of the Interactive Effects of International and Product Diversification on Innovation and Performance [J] . Journal of Management, 1994, 20 (2): 297 -326.

[36] Hitt, M. A. , Ireland, R. D. & Hoskisson, R. E. Strategic Management: Competitiveness and Globalization [M] . South - Western Pub: 2007.

[37] Hoy, F. , MacDougall, P. P. & D'souza, D. E. Strategies and Environments of High Growth Firms. In D. L. Sexton, J. D. Kasarda (Eds) [M] . The State of the Art of Entrepreneurship. Boston: PWS - Kent, 1992: 341 -357.

[38] Hunter, J. E. & Schmidt, F. L. Methods of Meta-Analysis: Correcting Error and Bias in Research Findings [M] . Newbury Park: Sage Publications, 1990: 88 -89.

[39] Jones, G. R. & Hill, C. W. L. Transaction Cost Analysis of Strategy-

Structure Choice [J] . Strategic Management Journal, 1988, (9): 159 - 172.

[40] Joseph, P. H., Fan, T., Wang, J. & Tianyu Zhang. Politically Connected CEOs, Corporate Governance, and Post - IPO Performance of China's Newly Partially Privatized Firms [J] . Journal of Financial Economics, 2007, 84 (2): 330 - 357.

[41] Khanna, T. & Palepu, K. Is Group Affiliation Profitable in Emerging Markets? An Analysis of Diversified Indian Business Groups [J] . The Journal of Finance, 2000, 55 (2): 867 - 891.

[42] Khanna, T. & Palepu, K. Why Focused Strategies may be Wrong for Emerging Markets? [J] . Harvard Business Review, 1997, (75): 41 - 48.

[43] Khwaja, A. & Mian, A. Do Lenders Favor Politically Connected Firms? Rent Seeking in an Emerging Financial Market [J] . Quarterly Journal of Economics, 2005, 120 (4): 401 - 411.

[44] Kim, C., Kim, S. & Pantzalis, C. Firm Diversification and Earnings Volatility: An Empirical Analysis of Us - Based Mncs [J] . American Business Review. 2001, 19 (1): 26 - 38.

[45] Kim, H. & Hoskisson, R. E. Does Market - Oriented Institutional Change in an Emerging Economy Make Business - Group - Affiliated Multinationals Perform Better? An Institution - Based View [J] . Journal of International Business Studies. 2010, 41 (7): 1141 - 1160.

[46] Kogut, B. Designing Global Strategies: Comparative and Competitive Value - Added Chains [J] . Sloan Management Review, Summer 1985 (a): 15 - 28.

[47] Lee, K., Peng, M. W. & Lee, K. From Diversification Premium to Diversification Discount During Institutional Transitions [J] . Journal of World Business, 2008, 43 (1): 47 - 65.

[48] Lewellen, W. G. A Pure Financial Rationale for the Conglomerate Merger [J] . Journal of Finace, 1971, 26 (2): 521 - 537.

[49] Li, H., L. Meng, Wang, Q. & Zhou, L. Political Connections, Financing and Firm Performance: Evidence from Chinese Private Firms [J] . Journal of Development Economics, 2008, 87 (2): 283 - 299.

[50] Mankiw, N. G. Principles of Economics (1st edition) [M] . Fort Worth, Texas, Dryden Press, 1997.

[51] Matsusaka, J. G. Corporate Diversification, Value Maximization, and Organizational Capabilities [J] . Journal of Business, 2001, 74 (3): 409 - 431.

[52] Maurer, H. Alleghenies Verwaltungsrecht (6th edition) [M]. Munich, Beck C. H., 1988.

[53] Melicher, R. W. & Rush, D. F. The Performance of Conglomerate Firms: Recent Risk and Return Experience [J]. The Journal of Finance, 1973, 28 (2): 381-388.

[54] Michelacci, C. & Silva, O. Why so Many Local Entrepreneurs? [J]. The Review of Economics and Statistics, 2007, 89 (4): 615-533.

[55] Mobarak, A. M. & Purbasari, D. P. Corrupt Protection for Sale to Firms: Evidence from Indonesia [R]. Working Paper, University of Colorado at Boulder, 2006.

[56] Narasimhan, R. & Kim, S. W. Effect of Supply Chain Integration on the Relationship between Diversification and Performance: Evidence from Japanese and Korean Firms [J]. Journal of Operations Management, 2002, 20: 303-323.

[57] Nathanson, D. A. & Cassano, J. S. Organization, Diversity, and Performance [J]. Wharton Magazine, 1982, 6 (4): 19-26.

[58] Peng, M. W. & Heath, P. S. The Growth of the Firm in Planned Economics in Transition: Institutions, Organizations and Strategic Choice [J]. The Academy of Management Review, 1996, 21: 492-528.

[59] Peng, M. W., Lee, S. H. & Wang, D. Y. L. What Determines the Scope of the Firm over Time? A Focus on Institutional Relatedness [J]. The Academy of Management Review, 2005, 30 (3): 622-633.

[60] Penrose, E. T. The Theory of the Growth of the Firm [M]. Oxford: Oxford University Press, 2009: 33-38.

[61] Penrose, E. The Growth of the Firm [J]. New York and Oxford, New York: USA. 1959.

[62] Porter, M. & Millar, V. How Information Gives You Competitive Advantage [J]. Harvard Business Review, 1985, 63 (4): 149-160.

[63] Qian, G. Assessing Product-Market Diversification of US Firms [J]. MIR: Management International Review. 1997, 37 (2): 127-149.

[64] Ram'irez, M. & Espitia, M. The Impact of Product Diversification Strategy on the Corporate Performance of Large Spanish Firms [J]. Spanish Economic Review, 2002, 4: 119-137.

[65] Ramanujam, V. & Varadarajan, P. Research on Corporate Diversification: A Synthesis [J]. Strategic Management Journal, 1989, 10 (6): 523-551.

[66] Ruekert, R. W., Walker, O. C. & Roering, K. J. The Organization of

Marketing Activities: A Contingency Theory of Structure and Performance [J]. Journal of Marketing, 1985, (9): 13-25.

[67] Rugman, A. M. Inside the Multinationals: The Economics of Internal Markets [M]. London: Croom Helm/New York: Columbia University Press, 1981.

[68] Sapienza, P. The Effect of Government Ownership on Bank Lending [J]. Journal of Financial Economics, 2004, 72 (2): 357-384.

[69] Shleifer, Andrei & Vishny, R. W. Politicians and Firms [J]. The Quarterly Journal of Economics, 1994, 109 (4): 995-1025.

[70] Stein, J. C. Internal Capital Markets and the Competition for Corporate Resources [J]. The Journal of Finance, 1997, 52 (1): 111-133.

[71] Tallman, S. & Li, J. Effects of International Diversity and Product Diversity on the Performance of Multinational Firms [J]. Academy of Management Journal, 1996, 39 (1): 179-196.

[72] Teece, D. J. Economics of Scope and the Scope of the Enterprise [J]. Journal of Economics Behavior and Organization, 1980, 1 (3): 223-247.

[73] Vanhonacker, W. Better Way to Crack China [J]. Harvard Business Review, 2000, 78 (4): 20-28.

[74] Wan, W. P., Hoskisson, R. E. & Short, J. C. *et al.* Resource Based Theory and Corporate Diversification Accomplishments and Opportunities [J]. Journal of Management, 2011, 37 (5): 1335-1368.

[75] Wan, W. P. Country Resource Environments, Firm Capabilities, and Corporate Diversification Strategies [J]. Journal of Management Studies. 2005, 42 (1): 161-182.

[76] Williamson, O. E. Markets and Hierarchies: Analysis and Antitrust Implications: A Study in the Economics of Internal Organization [M]. New York: Free Press, 1975.

[77] 安灵、白艺昕、何雪峰．企业政治关联及其经济后果研究综述 [J]．商业研究, 2010 (9): 67—71.

[78] 宝贡敏．孤波寻租多角化：转型背景下的企业成长战略 [J]．科研管理, 2002, 23 (3): 32—40.

[79] 陈斌、佘坚、王晓津等．我国民营上市公司发展实证研究 [J]．证券市场导报, 2008 (4): 42—47.

[80] 陈克兢．外部治理环境、终极控制人特征对上市公司盈余管理的影响研究 [D]．博士学位论文，大连理工大学，2015.

[81] 陈强．高级计量经济学及 Stata 应用 [M]．北京：高等教育出版

社，2010：179—189.

[82] 陈晓萍、徐淑英、樊景立．组织与管理研究的实证方法［M］．北京：北京大学出版社，2010：316—324.

[83] 陈信元、黄俊．政府干预、多元化经营与公司业绩［J］．管理世界，2007（1）：92—97.

[84] 党兴华、施国平、仵永恒．政治关联与风险资本筹集［J］．预测，2015（6）：45—50.

[85] 邓建平、曾勇．政治关联能改善民营企业的经营绩效吗［J］．中国工业经济，2009（2）：98—108.

[86] 邓新明．我国民营企业政治关联、多元化战略与公司绩效［J］．南开管理评论，2011，14（4）：4—15.

[87] 邓新明、叶珍．转型期政治关联层级对企业多元化战略的影响——从行业与地域两个维度的实证分析［J］．产经评论，2015，6（5）：42—55.

[88] 杜兴强、雷宇和郭剑花．政治联系、政治联系方式与民营上市公司的会计稳健性［J］．中国工业经济，2009（7）：87—97.

[89] 杜兴强、周泽将、修宗峰．政治联系与会计稳健性：基于中国民营上市公司的经验证据［J］．经济管理，2009（7）：115—121.

[90] 杜兴强．政治联系的度量及对公司业绩的影响综述［J］．当代会计评论，2010（2）：98—113.

[91] 杜勇、陈建英．政治关联、慈善捐赠与政府补贴——来自我国亏损上市公司的经验证据［J］．财经研究，2016（5）：4—14.

[92] 方杰、温忠麟、梁东梅等．基于多元回归的调节效应分析［J］．心理科学，2015，38（3）：715—620.

[93] 冯延超．政治关联成本与企业效率研究［D］．博士学位论文，中南大学，2011.

[94] 高冰、王延章．管理者政治关联、制度环境与企业绩效间关系的实证研究［J］．中国工业经济，2014，33（11）：116—132.

[95] 贺小刚、张远飞、连燕玲等．政治关联与企业价值——民营企业与国有企业的比较分析［J］．中国工业经济，2013（1）：103—115.

[96] 胡旭阳、史晋川．民营企业的政治资源与民营企业多元化投资——以中国民营企业500强为例［J］．中国工业经济，2008（4）：5—14.

[97] 胡旭阳．民营企业家的政治身份与民营企业的融资便利［J］．管理世界，2006（5）：107—113.

[98] 胡永平、张宗益．高管的政治关联与公司绩效——基于国有电力生产上市公司的经验研究［J］．中国软科学，2009（6）：128—137.

[99] 黄新建、李晓辉．政治关联、高管薪酬与企业绩效——基于民营上市公司的经验研究 [J]．软科学，2014，28 (11)：6—14.

[100] 黄赜琳、王敬云．地方保护与市场分割：来自中国的经验数据 [J]．中国工业经济，2006 (2)：60—67.

[101] 江若尘、莫材友和徐庆．政治关联维度、地区市场化程度与并购——来自上市民营企业的经验数据 [J]．财经研究，2013 (12)：125—129.

[102] 姜鹏飞．政治关联对中国民营企业绩效的影响——整合区域多样性与行业异质性视角的研究 [D]．博士学位论文，北京邮电大学，2015.

[103] 李津津、余红心．简政放权、政治关联与企业绩效 [J]．当代经济科学，2016 (1)：86—96.

[104] 李健、陈传明和孙俊华．企业家政治关联、竞争战略选择与企业价值——基于上市公司动态面板数据的实证研究 [J]．南开管理评论，2012，15 (6)：147—157.

[105] 李莉、高洪利、顾春霞等．政治关联视角的民营企业行业进入选择与绩效研究：基于2005—2010年民营上市企业的实证检验 [J]．南开管理评论，2013，16 (4)：94—105.

[106] 李维安、邱艾超．民营企业治理转型、政治联系与公司业绩 [J]．管理科学，2010 (8)：2—14.

[107] 李雪峰．公司治理、多元化经营与公司绩效关系研究 [D]．博士学位论文，华中科技大学，2011.

[108] 连军．政治联系对民营企业资本配置的影响研究 [D]．博士学位论文，重庆大学，2012.

[109] 梁建、陈爽英、盖庆恩．民营企业的政治参与、治理结构与慈善捐赠 [J]．管理世界，2010 (7)：109—118.

[110] 梁莱歆、冯延超．民营企业政治关联、雇员规模与薪酬成本 [J]．中国工业经济，2010 (10)：127—137.

[111] 梁莱歆、冯延超．政治关联与企业过度投资——来自中国民营上市公司的经验证据 [J]．经济管理，2010 (12)：55—52.

[112] 刘俊鹏．政治关联对我国民营企业多元化经营的影响 [J]．经济问题，2012 (11)：61—64.

[113] 刘少杰．以行动与结构互动为基础的社会资本研究 [J]．国外社会科学，2004 (2)：21—28.

[114] 刘星、蒋水全、付强．制度环境、政治关联与资本结构调整——来自民营上市公司的经验证据 [J]．华东经济管理，2015 (5)：40—45.

[115] 罗党论、黄琼宇．民营企业的政治关系与企业价值 [J]．管理科

学，2008（6）：21—28.

［116］罗党论、刘晓龙．政治关系、进入壁垒与企业绩效——来自中国民营上市公司的经验证据［J］．管理世界，2009（5）：97—106.

［117］罗党论、唐清泉．中国民营上市公司制度环境与绩效问题研究［J］．经济研究，2009（2）：105—108.

［118］罗党论、甄丽明．民营控制、政治关系与企业融资约束——基于中国民营上市公司的经验证据［J］．金融研究，2008（12）：164—178.

［119］毛蕴诗．多元化经营三维模型及多元化经营的几个命题［J］．中山大学学报（社会科学版），2004，44（6）：211—217.

［120］潘红波、夏新平、余明桂．政府干预、政治关联与地方国有企业并购［J］．经济研究，2008（4）：130—141.

［121］潘红波、余明桂．政治关系、控股股东利益输送与民营企业绩效［J］．南开管理评论，2010（4）：14—27.

［122］潘克勤．实际控制人政治身份降低债权人对会计信息的依赖吗？［J］．南开管理评论，2009，12（5）：38—46.

［123］潘越、戴亦一、李财喜．政治关联与财务困境公司的政府补助——来自中国ST公司的经验证据［J］．南开管理评论，2009（5）：5—16.

［124］施少斌、陈玉罡．国有企业多元化方式及其经营绩效研究［J］．西安交通大学学报（社会科学版），2014，34（4）：29—37.

［125］宋海旭．基于投资者视角的上市公司多元化战略对企业价值的影响研究［D］．博士学位论文，哈尔滨工业大学，2013.

［126］宋铁波、蓝海林、曾萍．区域多元化还是产品多元化：制度环境约束下优势企业的战略选择［J］．广州大学学报（社会科学版），2010，9（3）：45—42.

［127］孙晶．政治关联、多元化战略与企业成长性［D］．博士学位论文，浙江大学，2012.

［128］谭伟强．多元化、国际化与企业绩效：基于中国上市公司的实证研究［J］．世界经济研究，2006（2）：75—81.

［129］唐松、孙铮．政治关联、高管薪酬与企业未来经营绩效［J］．管理世界，2014（5）：93—105.

［130］唐雨虹、杨玉坤．民营企业并购标的所有制选择研究——基于政治关联的视角［J］．社会科学，2016（7）：31—38.

［131］田利辉、张伟．政治关联影响我国上市公司长期绩效的三大效应［J］．经济研究，2013（11）：71—86.

［132］汪建成、毛蕴诗．中国上市公司扩展的业务、地域多元化战略研

究［J］. 管理世界，2006（2）：152—153.

［133］汪建成．中国企业跨省、跨国扩张战略对绩效的影响——基于A股上市公司的实证研究［J］．管理评论，2008（3）：39—46.

［134］汪伟、史晋川．进入壁垒与民营企业的成长——吉利集团案例研究［J］．管理世界，2005（4）：132—140.

［135］王劲松、史晋川、李应春．中国民营经济的产业结构演进——兼论民营经济与国有经济、外资经济的竞争［J］．管理世界，2005（10）：82—93.

［136］王庆文、吴世农．政治关系对公司业绩的影响——基于中国上市公司政治影响力指数的研究［J］．中国第七届实证会计国际研讨会．西南交通大学，2008：744—758.

［137］王晓健．中国企业地域多元化的控制机制研究——信息技术能力的视角［D］．博士学位论文，华南理工大学，2010.

［138］王永健．企业能力、管理者认知与地域多元化：中国市场分割条件下的实证研究［D］．博士学位论文，华南理工大学，2014.

［139］王永进、盛丹、施炳展等．基础设施如何提升了出口技术复杂度？［J］．经济研究，2010（7）：103—115.

［140］王圆圆．企业多元化经营与绩效的关系：基于代理问题的研究［D］．博士学位论文，对外经济贸易大学，2015.

［141］王珍义、叶茂升、李元霞等．纺织上市公司政治关联与企业价值：以多元化为中介效应［J］．武汉大学学报，2013，26（1）：1—6.

［142］韦小柯．中小企业多角化与绩效关系实证研究［J］．商业经济与管理，2007（2）：53—57.

［143］卫武、田志龙、刘晶．我国企业经营活动中的政治关联性研究［J］．中国工业经济，2004（4）：67—75.

［144］温忠麟、侯杰泰、张雷．调节效应与中介效应的比较和应用［J］．心理学报，2005，37（2）：268—274.

［145］巫景飞、何大军、林暐等．高层管理者政治网络与企业多元化战略：社会资本视角——基于我国上市公司面板数据的实证分析［J］．管理世界，2008（8）：107—118.

［146］吴文锋、吴冲锋、刘晓薇．中国民营上市公司高管的政府背景与公司价值［J］．经济研究，2008（7）：130—141.

［147］吴文锋、吴冲锋、芮萌．中国上市公司高管的政府背景与税收优惠［J］．管理世界，2009（3）：134—142.

［148］夏宁、王元芳．农业企业政治关联、多元化与绩效实证研究［J］．山东财经大学学报，2015，27（4）：102—110.

[149] 肖浩．政府干预、政治关联与公司价值研究［D］．博士学位论文，华中科技大学，2011.

[150] 肖珉、黄娟娟．中小投资者法律保护与公司权益资本成本［J］．经济研究，2005（6）：115—124.

[151] 谢宇等．回归分析［M］．北京：社会科学文献出版社，2010：234—248.

[152] 许业坤、李维安．政绩推动、政治关联与民营企业投资扩张［J］．经济理论与经济管理，2016（5）：5—22.

[153] 薛有志、张鲁彬、李国栋．民营企业多元化战略、政治资源与公司绩效［J］．商业经济与管理，2010（6）：18—25.

[154] 薛有志、周杰．产品多元化、国际化与公司绩效——来自中国制造业上市公司的经验证据［J］．南开管理评论，2007，10（3）：77—86.

[155] 杨东进、邓吉．房地产业的政治关联、多元化与企业绩效关系研究［J］．软科学，2013，27（11）：17—26.

[156] 杨记军、逯东、杨丹．国有企业的政府控制权转让研究［J］．经济研究，2010（2）：69—82.

[157] 杨京京．民营企业政治关联、多元化战略与绩效的关系研究［D］．博士学位论文，华南理工大学，2012.

[158] 杨星、田高良、司毅等．所有权性质、企业政治关联与定向增发——基于我国上市公司的实证分析［J］．南开管理评论，2016（1）：134—141.

[159] 姚俊、吕源和蓝海林．我国上市公司多元化与经济绩效关系的实证研究［J］．管理世界，2004（11）：119—125.

[160] 叶文平、邝先慧．企业家政治关联、战略网络与企业创新绩效——基于上市公司面板数据的实证分析［J］．科技与经济，2014（3）：16—20.

[161] 游家兴、邹雨菲．社会资本、多元化战略与公司业绩——基于企业家嵌入性网络的分析视角［J］．南开管理评论，2014，17（5）：91—101.

[162] 余明桂、回雅甫、潘红波．政治联系、寻租与地方政府财政补贴的有效性［J］．经济研究，2010（3）：65—78.

[163] 于蔚．政治关联为何降低企业绩效——基于生产效率的解释［J］．浙江社会科学，2016（4）：4—14.

[164] 战颂．我国农业企业多元化经营影响因素分析［J］．农业经济，2016：27—28.

[165] 战颂．民营企业多元化战略与绩效关系实证分析［J］．沈阳师范大学学报（社会科学版），2016（4）：69—72.

[166] 张多蕾、张盛勇．企业政治关联指数模型构建研究［J］．财经问

题研究，2013（1）：104—111.

［167］张会荣、张玉明．转轨制度背景下政治关联与中小企业绩效关系分析［J］．经济经纬，2013（5）：95—99.

［168］张军．关系：一个初步的经济分析［J］．世界经济文汇，1995（6）：47—55.

［169］张兰．公司治理、多元化战略与财务绩效的关系——基于我国创业板上市公司的研究［D］．博士学位论文，吉林大学，2013.

［170］张敏、黄继承．政治关联、多元化与企业风险——来自我国证券市场的经验证据［J］．管理世界，2009（7）：158—164.

［171］张平．我国企业集团的区域多元化与绩效的关系研究［J］．华南理工大学学报（社会科学版），2011，13（3）：26—32.

［172］张平、黄智文．企业政治关联、领导风格与企业绩效的研究［J］．预测，2015（4）：41—46.

［173］赵峰、马光明．政治关联研究脉络述评与展望［J］．经济评论，2011（3）：151—160.

［174］郑华、韦小柯．企业多元化战略对绩效的非线性影响［J］．生产力研究，2008（3）：125—117.

［175］郑建明、刘琳、刘一凡．政治关联的结构特征、多元化驱动与公司价值［J］．金融研究，2014（2）：167—179.

［176］周黎安、罗凯．企业规模与创新：来自中国省级水平的经验证据［J］．经济学（季刊），2005，4（3）：623—638.

［177］朱楠．经济危机背景下中国民营企业经济发展方式转型［J］．贵州社会科学，2009（8）：65—69.